国家体育总局备战奥运会重点科研攻关课题

（立项批准号：03024）

优秀游泳运动员力量训练阶段生理生化指标的评价及机制

黄文聪　著

北京体育大学出版社

策划编辑　梁　林
责任编辑　梁　林
审稿编辑　李　飞
责任校对　木　凡
责任印制　陈　莎

图书在版编目(CIP)数据

优秀游泳运动员力量训练阶段生理生化指标的评价及机制/黄文聪著．－北京：北京体育大学出版社，2006.11
ISBN 7－81100－652－9

Ⅰ．优…　Ⅱ．黄…　Ⅲ．游泳－优秀运动员－力量－身体训练－生理生化特性－指标　Ⅳ．G861.101.423

中国版本图书馆 CIP 数据核字(2006)第 120880 号

优秀游泳运动员力量训练阶段
生理生化指标的评价及机制　　　黄文聪　著

出　　版　北京体育大学出版社
地　　址　北京海淀区中关村北大街
邮　　编　100084
发　　行　新华书店总店北京发行所经销
印　　刷　北京市昌平阳坊精工印刷厂
开　　本　787×960 毫米　1/16
印　　张　7.75

2006 年 11 月第 1 版第 1 次印刷
定　价　28.00 元(平)　48.00 元(精)

作者简介

黄文聪，男，1973年7月出生。1996年毕业于北京体育大学生物科学系，1998～2000年在北京体育大学运动人体科学学院学习，获教育学硕士学位。2002年再次考入北京体育大学运动人体科学学院，2005年获博士学位。

长期从事运动员机能评定及康复措施的研究，近年来主要从事运动训练方法与机制的研究。先后主持广西科技厅课题“超常训练的药械多元组合系统康复研究”，体育局课题“广西田径队男短组、女柔队、散打队九运会科技攻关研究”等，2001年获广西体育总局颁发的科技服务贡献一等奖。作为主要参加人员，参与国家体育总局课题“我国优秀游泳运动员专项力量素质训练手段的研究与应用”。发表论文10篇，各有一篇论文入选第六届和第七届全国科学大会。

现任教于哈尔滨工程大学体育军事训练部，副教授，硕士导师，承担本科生和研究生的教学任务。

序

科学的进步是建立在无数严谨求实的实验观察基础上的，是建立在以往研究积累的基础上的，是多学科知识融合的结果，是众多科研工作者智慧的结晶。体育科学也不例外。

传呈已有的文化、知识，探索未知的世界，解决实践中不断出现的新问题是每一位研究工作者的责任和义务。

黄文聪同志在博士学习期间，努力学习，学以致用。在完成博士论文工作时，以国家游泳队优秀运动员为实验对象，对优秀运动员力量训练阶段生理生化指标的评价及机制进行了较系统的探讨。

该研究根据运动应激与适应的原理，以分析观察骨骼肌蛋白合成的适应为着眼点，以分析观察骨骼肌细胞 HSP70 的变化为切入点，对机体整体反应、内分泌系统的调节适应，以及影响细胞功能的关键蛋白的变化三个不同的层面的问题进行了有益的研究探索，试图为科学训练、提高运动成绩提供理论支持和指导。

一年前，文聪顺利的通过了论文答辩，走上了工作岗位。以博士论文为基础，经过了一段时间的修订、整理、完善，作为个人的专著，这本书就要出版了。对于浩如烟海的体育科学研究而言，这本书只是一朵小小的浪花，但她毕竟是一次探索，毕竟是一点积累。

文聪是我的学生，是体育科研队伍中的新兵，但文聪对体育科学研究热情和执着令人钦佩，我很荣幸为学生的专著作序。籍该书出版之际，顺祝文聪取得更多的成就。

目录

目录

摘 要

研究目的：

与游泳项目相关的力量素质好坏严重影响了游泳运动员成绩的最终表现，力量素质的提高是通过平时在专项训练中采用相关的力量训练来完成的。本研究根据运动应激适应的原理，以骨骼肌蛋白合成的适应作为着眼点，以骨骼肌细胞HSP70变化为切入点，从机体整体反应，内分泌系统的调节与适应，影响细胞变化的关键蛋白的变化三个不同层次，系统地对力量训练的效果和机制进行研究，为运动训练科学化，提高运动成绩提供理论依据。

研究方法：

本研究分为人体试验和动物实验。

人体试验分成两部分：（1）连续监测10名（男女各5名）国家队一线重点队员在两个不同训练阶段的机能指标变化，并与他们的训练安排相结合，具体分析量与强度对机能影响的关系，特别是对反映系统水平应激的相关血液激素水平的影响。测试的指标包括：BLa，T，C，T/C和IGF－Ⅰ。（2）连续追踪观测6名国家队二线队员在进行一段以力量训练为主的阶段训练后，力量素质、身体成份和其他机能指标的变化，观测力量训练对人体整体水平应激反应的影响。测试的指标包括：T，C，T/C，IGF－Ⅰ，膝关节和肩关节等动力量测试指标，体重和肌肉重量等身体成份测试指标。

动物实验目的是建立力量训练模型，系统研究力量训练对大鼠机体整体水平、系统水平和分子水平的应激反应的影响。分为两部分：（1）模拟力量训练对大鼠整体机能及血清相关激素水平的影响。40只雄性SD大鼠随机分成安静对照组（CG），无负重游泳组（FG），负重5%体重游泳组（5%G），负重10%体重游泳组（10%G）和负重15%体重游泳组（15%G）。运动组进行4周训练，每周6天：所有负重组游泳时间均为38分钟，分为5组，每组6分钟，间歇2分钟：负重5%体重游泳组尾根部悬挂相当于体重5%的重量游泳训练4周；负重10%

体重游泳组第一周负重5%体重训练，后三周负重10%；负重15%体重游泳组第一周负重5%体重，第二周负重10%，第三、第四周负重15%。训练前和训练过程中的每周第一天都对大鼠进行称重，并根据体重确定负重运动组的负荷大小。而无负重组持续游90分钟。观测大鼠机体对模拟力量训练做出的整体水平和系统水平的应激反应。测试指标：大鼠运动状况、身体重量、最大负重、相对力量比值、股四头肌肌肉重量、股四头肌肌肉蛋白含量、T、C、和IGF－Ⅰ。(2) 模拟力量训练对大鼠骨骼肌HSP70表达和脂质过氧化的影响。动物来源和训练方案同上，观察不同负荷力量训练以及持续无负重游泳训练对大鼠骨骼肌分子水平应激反应的影响，并探讨分子水平应激反应与骨骼肌整体反应的相互关系。测试指标：股四头肌MDA含量、SOD活性、HSP70含量。

结　论：

(1) 游泳运动员在经过力量训练阶段后，在机体肌力明显增长的同时，体重也呈现一种增加趋势，而且这种体重的增长主要是以肌肉重量的增长实现的；动物实验表明，这种增长表现在参与训练的主要肌群选择性的肥大上，而且这种肌肉重量的增加不是由其单位蛋白含量增加所造成的。

(2) 适宜的力量运动训练能引起机体血清睾酮安静时水平的提升，无论男女都是如此。动物实验表明，在适宜范围内，血睾酮水平的提升随着强度的增大而变得更明显，但过度的力量训练会造成血睾酮水平的下降；同样，无论是持续性训练还是力量训练都能造成男女性血清IGF－Ⅰ的上升，但这种变化与血睾酮值并不明显，提示IGF－Ⅰ在运动应激应答的作用没有睾酮大。而过度的力量训练也会造成血清IGF－Ⅰ水平的下降。

(3) 力量训练也能造成机体血清皮质醇（酮）水平的上升。动物实验表明，过度的力量训练使血清皮质醇（酮）持续处于高水平，C值变化反映了应机体适应程度。

(4) 力量训练使合成代谢与分解代谢激素比值上升，机体内合成代谢与分解代谢的平衡状态向以合成代谢为主的方向转变，而过度的力量训练会使代谢平衡发生向分解代谢为主的方向逆转。

(5) 力量训练使大鼠骨骼肌HSP70表达呈升高趋势，且依赖强度的诱导；而且HSP70表达有一定的高位平台期。过度力量训练使大鼠骨骼肌HSP70含量显著性下降，其原因还需进一步研究。

(6) 力量造成骨骼肌MDA水平的显著性提高，且依赖负荷的诱导，而对SOD影响并不明显。并提示：过度力量训练使骨骼肌脂质过氧化程度急剧升高，抗氧化酶活性的减弱可能是一个重要的原因。

(7) 骨骼肌 HSP70 水平和脂质过氧化程度变化趋势的存在显著性负相关，提示：HSP70 抑制骨骼肌的脂质过氧化水平，并在平台时期，把脂质过氧化增加过程控制在相对和缓的状态，当训练强度突破平台期强度时，就会出现 HSP70 含量的急剧下降和脂质过氧化水平的突增。

综上所述，力量训练中骨骼肌产生适应可能的模型结构：力量训练的方式和安排，使机体的激素生成发生改变，机体内合成代谢与分解代谢的平衡状态向以内合成代谢为主的方向转变，配合着肌细胞的专门代谢物和自身保护机制 (HSP70) 的变化相互作用来实现骨骼肌蛋白合成适应的形成，其中包括结构蛋白和酶蛋白的适应，加上神经肌肉系统的适应在内的骨骼肌其他适应，在整体上就表现出骨骼肌纤维增粗和运动能力（力量）的增强。

关键词： 游泳项目，力量训练，运动应激，适应，整体反应，激素调节，热应激蛋白 70，脂质过氧化

Abstract

Objective:

Muscle strength is a major component influencing sports performance, especially for swim event. So it is important for swimming athletes to develop their specific strength qualities. Basing on the new stress theory, focusing the synthesizing adaptation of skeletal muscle protein, a systematic study was carries out to observer the hormones changing and HSP70 response on the body response. It was from a new angel in this study that the causes of strength training – induced the strength qualities development.

Subject and Methods

The research included human body test and animal test.

There are two part of human body test: (1) The Relationship of Exercise Loads and Serum Hormones Change of Elite Swimming Athletes in Different Training Phase. Ten elite Swimming Athletes of Chinese nation swimming team, including 5 males and 5 females, engaged in the train. Test indexes: BLa, T, C, T/C and IGF – Ⅰ. (2) Study on the Changes of Swimming Athletes Body Composition and Strength quality in Strength Training phase. Six Swimming Athletes of Chinese nation swimming team, including 4males and 2 females, engaged in the train. Test indexes: T, C, T/C, IGF – Ⅰ, isokinetic strength of shoulder joint and knee joint, and body component.

The purpose of animal test was to establish the strength training models of rats, research the rats body stress response to strength training from whole body phase, systematic phase and cell phase, which can be divided 2 parts: (1) Changes of Rats body function and Serum T, C and IGF – Ⅰ in Strength Training. Forty Sprague – Dawley (SD) rats were randomly as – sighed to control group (CG) and exercise group which was further divided into swimming without load group(FG), swimming with loading 5% body weight group(5%G), swimming with loading 10% BW group(5%G) and swimming with loading 15% BW group(15%G).

There were 8 rats in each group. Exercise groups were trained in a basin with water. The train lasted 4 weeks, and 6days a week. The time, which all the groups with load swam, is 38 minutes. And the 38mins training period was divided 5 stages, which contented 6mins, and the interval was 2mins: 5% G with 5% BW load attaching to rats tail root trained 4weeks; 10% G with 5% load in the first week, and 10% load in last 3weeks; 15% G with 5% load in the first week, 10% load in the second week and 15% in last 2weeks. The time that the rats of FG swam is 90 minutes. Test indexes: Rats exercise station, body weight, value of the most loads, relative strength ratio, weight of rats' thigh quadriceps muscle, protein content of rats' thigh quadriceps muscle, T, C, IGF – Ⅰ. (2) Changes of Rats Skeletal Muscle Hsp70 Express and Lipox in Strength Training. Test indexes: MDA content, SOD level, Hsp70 content of rats' thigh quadriceps muscle.

Conclusion

(1) In strength training, the muscle strength and power increased obviously. And body weight increased, which caused by the increase of the muscle weight, and embodied in skeletal muscle selective hyperplasia, which had no obvious effect on the skeletal muscle protein.

(2) Body serum anabolism hormones including T and IGF – 1increased in adequate strength training, which depended on the exercise intensity, while decreased in over – load strength training. And IGF – Ⅰ level didn't change obviously compared with T, which seem to indicate that the effect of IGF – Ⅰ response to sports stress was low than T.

(3) Body serum catabolism hormone (C) increased in strength training, and settled in a high level in over – load strength training, which indicated that the alters of serum C could reflect the body adaptation to the stress.

(4) In strength training, the ratio of anabolism hormones and catabolism hormone increases, this means anabolism dominating in the body, while catabolism hormone will dominate in over – load strength training.

(5) In strength training, rats' skeletal muscle Hsp70 increased. The improvement of Hsp70 level depended on the exercise intensity, and there was a platform stage in the improvement of Hsp70 level. And rats skeletal muscle Hsp70 express decreased in over – load strength training. The reason need more research.

(6) Rats' skeletal muscle MDA content increased significantly in strength training, which induced by exercise intensity, while SOD level s didn't change obviously. It suggests: In over – load strength training, skeletal muscles' lipox level increases acutely, and anti –

oxidation enzyme's decrease may be a important reason.

(7) There was a negative correlation between skeletal muscle Hsp70 express and lipox, which increased when exercise intensity increased. It suggests that the tissue Hsp70 express increases with sports stress intensity increases, and control the lipox degree in a meek condition before the end of platform stage. The Hsp70 express decreases and lipox increases significantly when exercise intensity exceeds the limit intensity of platform stage.

In conclusion, the research constructs a relationship between strength training and skeletal muscle adaptation: In strength training, the secreting hormones secreting changes and anabolism will dominate in the body. Cooperating with the special metabolizing products of skeletal muscle cell (such as leucine and isoleucine) and self - defending mechanism (HSP70), which promotes skeletal muscle protein including constructive protein and enzyme protein synthesized adaptation. The skeletal muscle fibers become thick, and sport function (strength) of them increases.

Key Words: Swim event, the Strength Training, Sports Stress, Adaptation, Whole Body Response, Regulation of Hormones, Heat Shock Protein 70, Lipid Peroxidation

缩　略　词

ACTH	Adrenal Corticotropic Hormone	促肾上腺皮质激素
BLa	Blood Lactic Acid	血乳酸
C	Cortisol	皮质醇
CRH	Corticotropin – releasing Hormone	促肾上腺皮质激素释放激素
FSH	Follicle – stimulating Hormone	卵泡刺激素
HSP70	Heat Shock Protein 70	热休克蛋白 70
GH	Growth Hormone	生长激素
GRH	Growth – releasing Hormone	促生长激素
GnRH	Gonadotropin – releasing Hormone	促性腺激素释放激素
IGF – Ⅰ	Insulin Growth Factor – Ⅰ	胰岛素样生长因子 1
LH	Luteinizing Hormone	黄体生成素
MDA	Malonaldehyde	丙二醛
PT	Peak Torque	峰力矩
PT/BW	Peak Torque to Body Weight Ratio	峰力矩体重比
SOD	Superoxide Dismutase	超氧化物歧化酶
T	Testosterone	睾酮

1

前　言

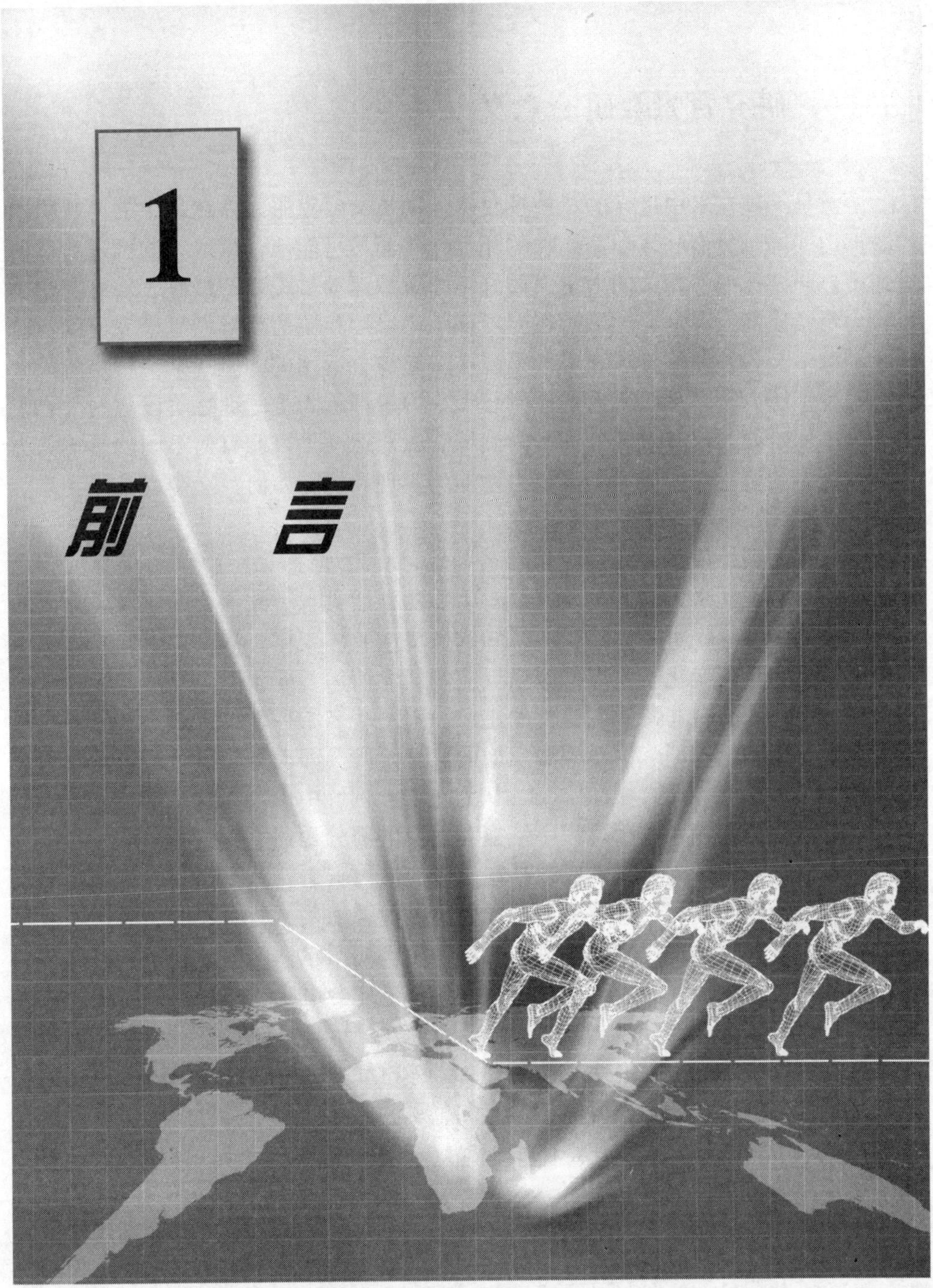

1.1 研究背景及研究意义

游泳是一项在水中进行的竞技项目，运动员需要克服人体在水中的形状阻力和摩擦力，同时凭借肢体动作同水的相互作用而尽可能地获得最大的推进力和前进速度。与游泳项目相关的力量素质好坏与游泳运动员成绩的最终表现有密切关系，力量素质的提高是通过平时在专项训练中采用相关的力量训练来完成的。在实际训练中，各种训练方法和手段是混在一起综合运用的，但在某一特定阶段中会有某种训练方法和手段所占的比例较大。力量训练为主的训练阶段与耐力有氧训练为主的阶段如何有效区分？不同训练阶段对运动员机能有何不同的影响？力量训练为主的阶段对造成运动员肌力增加的表现和机制如何？迄今尚未得到系统的研究。

指导运动训练最重要的理论基础之一是“应激理论”，应激（stress）反应是所有生物对紧张性事件的适应反应，对生物的存活具有十分重要的意义。人类的应激反应尤为精细和重要，接受或感知到环境或躯体变化，都可以引起机体发生相应的行为和生理变化。原有的应激反应的概念认为：应激反应是功能活动或损伤作用下引起的所有非特异性变化的总和。美国著名游泳教练 Counsilman 将应激学说系统应用到运动训练中，应激反应的三个阶段（即动员阶段、适应阶段和衰竭阶段）是 Selye 提出的，Counsilman 认为在游泳训练中也存在这些变化。

随着认识的深入，应激过程中恢复和适应的部分受到了更多的关注，并认为衰竭阶段已经是病理过程，不应包括在生理应激过程中。因而当前应激反应的概念认为：应激反应是一切日常生活中比较少见的强烈刺激所引起的反应，以及随后的生理恢复总称。现代应激学说理论认为生理应激包括三部分：（1）机体对刺激的直接反应及代偿性反应；（2）对刺激的部分或全适应；（3）刺激停止后机体的恢复过程。这三个部分互相交错，但需要着重强调的是适应[79]。当前应激学说在运动训练中的应用，主要是从运动时身体机能变化中的神经－内分泌－免疫系统关系来分析运动训练和身体相适应的关系。虽然应激学说更多的是从系统水平的调节入手，但最后必然在整体水平上，在为运动训练提高运动能力的平台上与超代偿规律结合[86]。

运动训练对身体的适应过程包括各器官、系统及其调节机理，而细胞适应是器官水平的基础。骨骼肌细胞是完成运动的基本单位，故不同的运动都可以引起肌细胞产生适应性变化。运动员竞技能力的提高在细胞水平上应具备的三个基本条件：(1) 相适应的细胞结构；(2) 相适应的能量保证；(3) 相适应的机体调节能力。主要表现为：(1) 整体上决定神经系统和运动适应；(2) 内分泌系统体液调节和运动适应；(3) 免疫系统和运动适应[87]。可见，运动训练与运动能力的提高本质上是一个适应过程。

本研究根据运动应激适应的原理，从机体整体反应，内分泌系统的调节与适应，影响细胞变化的关键蛋白的变化三个不同层次入手，对我国优秀游泳运动员力量训练阶段的身体机能进行评价，并探讨其机理。其中，内分泌系统的调节与适应方面的研究主要是与运动员力量素质息息相关的内分泌轴，包括：HPG 轴、HPA 轴和 GRH – SS/hGH – IGF 轴的三种主要激素：睾酮，肾上腺皮质激素和 IGF – Ⅰ在血液中的变化；影响细胞变化的关键蛋白选取的是 HSP70，这是因为 HSP70 参与运动引起细胞应激和损伤诱导 HSP 的表达，对细胞结构起保护作用，并可能参与 apoptosis 的控制，而这对于骨骼肌纤维在训练中的转化也许是十分重要的[110]。研究证实，所有组织中的细胞通过 HSPs 的快速合成对各种应激源做出反应[92]，其中 HSP70 是最主要的热休克蛋白之一。由于运动员能力改善首先是骨骼肌纤维结构和代谢能力改变，而蛋白质是生命活动中完成各种机能活动和活性物质，运动后对蛋白质合成的适应意义尤为重要。本研究并以骨骼肌细胞 HSP70 变化为切入点，力图系统地研究和阐释力量训练阶段对于机体系统水平应激和整体水平应激的影响产生机制，为科学的力量训练打下基础。

1.2　研究内容及总体思路

整个实验设计基于如下假设：(1) 不同的训练阶段和不同的训练负荷会对机能产生不同影响，与之相关的各种激素会出现不同变化。(2) 以力量训练为主的训练会使机体肌肉的机能和形态发生变化。(3) 机体肌肉的力量和形态发生的变化是由于细胞水平应激和系统水平应激共同作用完成的。

为证实这些假设，本研究分为人体试验和动物实验两大部分：人体试验以我国备战 2004 年奥运会国家游泳队的优秀游泳运动员为研究对象，目的是观察在实际训练中，不同阶段训练对机体应激反应整体水平和系统水平的影响；人体试验分成两部分：(1) 连续监测 10 名（男女各 5 名）国家队一线重点队员在两个不同训练阶段的机能指标的变化，并与他们的训练安排相结合，具体分析量与强度对机能影响的关系，特别是对反映系统水平应激的相关血液激素水平的影响。测试的指标包括：BLa，T，C，T/C 和 IGF－1。（2）连续追踪观测 6 名国家队二线队员在进行一段以力量训练为主的阶段训练后，力量素质、身体成份和其他机能指标的变化，观测力量训练对人体整体水平应激反应的影响。测试的指标包括：T，C，T/C，IGF－1，膝关节和肩关节等动力量测试指标，体重和肌肉重量等身体成份测试指标。

动物实验目的是建立力量训练模型，系统研究力量训练对大鼠机体整体水平、系统水平和分子水平的应激反应的影响。分为两部分：（1）模拟力量训练对大鼠整体机能及血清相关激素水平的影响。建立大鼠模拟力量训练模型，同时观测大鼠机体对模拟力量训练做出的整体水平和系统水平应激反应。测试指标：大鼠运动状况、身体重量、最大负重、相对力量、股四头肌肌肉重量、股四头肌肌肉蛋白含量、T、C、和 IGF－1。（2）模拟力量训练对大鼠骨骼肌 HSP70 表达和脂质过氧化的影响。观察不同负荷力量训练以及持续无负重游泳训练对大鼠骨骼肌分子水平应激反应的影响，并探讨由分子水平应激反应与骨骼肌整体反应的相互关系。测试指标股四头肌 MDA 含量、SOD 活性及 Hsp70 含量。其工作流程图如图 1－1 所示。

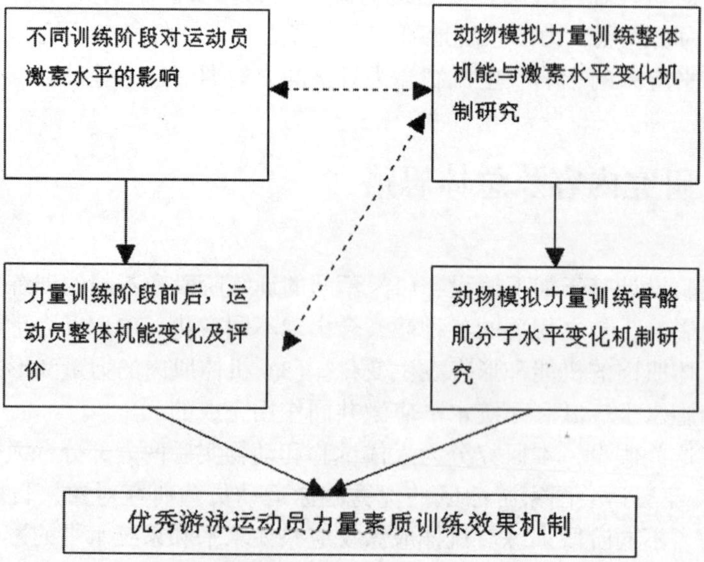

图 1－1　工作流程图

2

人体试验 I

优秀游泳运动员不同训练阶段负荷安排及血清激素水平的变化

游泳是一项在水中进行的竞技项目，运动员需要克服人体在水中的形状阻力和摩擦力，同时凭借肢体动作同水的相互作用而尽可能地获得最大的推进力和前进速度。与游泳项目相关的力量素质好坏与游泳运动员成绩的最终表现有密切关系，力量素质的提高是通过平时在专项训练中采用相关的力量训练来完成的。在实际训练中，各种训练方法和手段是混在一起综合运用的，但某一特定阶段中会有某种训练方法和手段所占的比例较大。力量训练为主的训练阶段与耐力有氧训练为主的阶段如何有效的区分？不同训练阶段对运动员系统应激水平有什么不同的影响？本试验通过对备战 2004 年二十七届雅典奥运会的国家游泳队全体一线队员的连续观测，将运动员不同训练负荷安排与他们血清激素水平的变化联系起来，探讨大赛前不同阶段训练对优秀游泳运动员机体系统应激水平的影响。

2.1　试验对象与方法

2.1.1　研究对象

备战二十七届雅典奥运会，主要在北京集训的国家游泳队一线重点队员 10 人，男女各 5 人。男子运动员分别为：欧阳××、余×、刘×、郑××和陈×；女子运动员为：罗××、齐×、杨×、高×和周××。这 10 名运动员分属 7 名教练，其中欧阳×和余×同属一个教练，郑×和杨×同属一个教练，高×和周××同属一个教练。运动员基本状况见表 2－1。

表 2－1　运动员基本状况表

性别	年龄	身高（cm）	体重（kg）	运动等级
男（5）	21.5±0.58	185.3±4.23	74.7±2.54	运动健将
女（5）	19±1.22	175.2±2.39	67.1±2.09	运动健将

2.1.2　试验方案

采用追踪观察的方法。根据总体安排，把 4 月 19 日～5 月 17 日整 1 个月作为运动员以量为主的第一训练阶段；把6月14日~7月12日整1个月作为以力量训练为主的第二训练阶段。每个训练阶段都在试验前、中、后取3次血样，每次取样间隔为2周。第一阶段3次采血分别用P1、P2、P3表示，第二阶段3次采血分别用C1、C2、C3表示。由于P1取样时间是运动员经过预选赛后中心集中的第一次取血，其血液指标应该可看成是运动员的基础值。取样为晨静脉血，上午07:00~08:00，将全血室温下静置，待血液凝固后，以3000rpm的转速离心7~10分钟，取血清待测。血乳酸的测试是在训练过程中根据训练状况和教练员要求，取指血后现场直接测试。

2.1.3 测试指标及方法

2.1.3.1 血乳酸

应用酶电极法，测试原理为：乳酸被测试仪器所带膜上的乳酸氧化酶迅速氧化，生成过氧化氢，后者随后在珀阳极上被氧化产生电子，电子流强度与乳酸浓度成正比。用YSI1500乳酸分析仪测定。

2.1.3.2 血清睾酮

应用放射免疫法（RIA）进行测定，碘标125I。原理是应用放射性同位素标记物进行放射免疫分析。测试试剂盒为美国DSL公司提供的包被－抗体－计数放射免疫试剂盒，产品编号为：DSL4000，其中包括总睾酮抗体包被试管、125I标记睾酮溶液和睾酮标准品。测试过程中将50μl样品直接滴入包被试管底部，加入125I标记睾酮溶液，37℃水浴1小时，即可在Gamma计数器（美国产Beck-Man DP5500）测试。血清睾酮（T）用ng/dl表示。

2.1.3.3 血清皮质醇

应用放射免疫法（RIA）进行测定，碘标125I。原理是应用放射性同位素标记物进行放射免疫分析。测试试剂盒为美国DSL公司提供的包被－抗体－计数放射免疫试剂盒，产品编号为：DSL81000，其中包括总皮质醇抗体包被试管、125I标记皮质醇溶液和皮质醇标准品。测试过程中将25μl样品直接滴入包被试管底部，加入125I标记皮质酮溶液，37℃水浴1小时，即可在Gamma计数器（美国产BeckMan DP5500）测试。血清皮质酮（C）用ug/dl表示。

2.1.3.4 血清 IGF－Ⅰ的测定

应用放射免疫法（RIA）进行测定，碘标 125I。原理是应用放射性同位素标记物进行放射免疫分析。测试试剂盒为美国 DSL 公司提供的非提取法放射免疫试剂盒，产品编号为：DSL2800，其中包括总 IGF－Ⅰ抗体包被试管、125I 标记 IGF－Ⅰ溶液、IGF－Ⅰ标准品、稀释液和冲洗液。

测试前，首先向 20μl 的血清加入 1ml 的稀释液，混匀后静置于室温下（大约 25℃）孵育 30 分钟。测试过程中将稀释后的 50μl 样品直接滴入包被试管底部，加入 125I 标记 IGF－Ⅰ溶液并轻轻混匀，然后放在 180 转/分的震荡器上孵育 2 小时（室温条件），最后用经过 1∶25 稀释的冲洗液冲洗 3 次，甩干水分，即可在 Gamma 计数器（美国产 BeckMan DP5500）测试。人血清 IGF－Ⅰ用 ng/ml 表示。

2.1.4 统计学分析

个人的血乳酸值，只统计在不同训练阶段测试的次数及平均值。血清睾酮和血清皮质醇计算平均数、标准差，显著性检验为 T 检验，显著性水平为 0.05，统计软件为 SPSS11.0。

2.2 结果与分析

2.2.1 运动员各个不同训练阶段负荷安排的变化与乳酸值改变

运动员运动负荷的统计，特别是长期训练运动负荷的统计一直是个难题。本文通过对 10 名运动员在不同训练阶段训练总量、训练目的、陆上训练内容和表现水中训练强度乳酸值的描述，尽量清晰表达运动员在不同训练阶段负荷的变化。

2.2.1.1 运动员在不同阶段训练总量、训练目的和陆上训练内容安排情况

10 名运动员在不同阶段训练总量、训练目的和陆上训练内容安排情况见表 2

-2。

表 2-2 运动员在不同阶段训练总量、训练目的和陆上训练内容安排情况

姓名	第一阶段(4.19~5.17)		第二阶段(6.14~7.12)	
	平均周总量与目的	陆上训练的次数和内容	平均周总量与目的	陆上训练的次数和内容
欧阳××和余×	59033 米,有氧训练为主	每周两次,长距离跑和等动力量训练为主	34833 米,水中训练对速度要求明显提高	每周两次,跑步距离缩短,力量训练内容增多,时间延长
郑××和杨×	65000 米,有氧训练为主并进行一定的力量训练	每周四次,为长距离跑和综合力量训练	55566 米,突出训练的质量和强度	每周四次,强调最大力量训练和上肢力量训练
高×和周××	65000 米,不强调强度	每周三次,为长距离跑和和综合力量训练	52000 米,强调保持有氧能力同时加强肌肉重力量的练习。强化速度力量	每周三次,跑步距离缩短,力量训练内容增多,时间延长
罗××	45840 米,在一般有氧训练的基础上逐渐增加专项耐力	每周两次,等动力量训练为主	33240 米,增加专项速度练习,提高训练强度	每周三次,等动力量训练为主
齐 ×	67750 米,有氧训练为主,逐渐加大运动量	每周三次,综合力量训练为主	58550 米,突出训练的专项强度	每周三次,专项力量训练等动力量训练等
刘 ×	55000 米,有氧耐力训练	每周三次,综合力量训练为主	46000 米,专项强化训练:最大吸氧量的强度训练和耐乳酸的强度训练	每周三次,专项力量训练等动力
陈 ×	68600 米,有氧训练为主,逐渐加大运动量	每周三次,综合力量训练为主	57550 米,突出训练的专项强度	每周三次,专项力量训练等动力量训练等

从表 2-2 可以看出，虽然 10 名运动员分属不同的教练员，训练安排不尽一

致，但在第一和第二阶段的两个阶段的训练安排还是有许多相似之处。首先，在第一阶段的训练阶段，10名运动员主要是以有氧训练为主，运动量很大，表现在平均周总量上。这个阶段的陆上训练的强度也不是很高，还包括长距离跑等有氧训练的项目；其次，在第二阶段的训练阶段，运动员训练时的强度明显提高，而平均周总量与第一阶段的相比明显减少。这个阶段的陆上训练的强度明显提高，力量训练比重明显增多。

2.2.1.2 运动员在不同阶段训练血乳酸的变化

血乳酸测试次数及变化见表2-3。

表2-3 运动员在不同阶段训练血乳酸（mmol/L）变化表

姓 名	第一阶段	第二阶段	两阶段差值	增长百分数
罗××	4.69（8）	6.62（6）	1.93	41.2%
杨 ×	4.49（8）	6.99（7）	2.50	55.7%
齐 ×	2.22（3）	2.93（3）	0.71	32.0%
周××	5.62（8）	10.76（5）	5.14	91.5%
高 ×	3.94（2）	7.78（3）	3.84	97.5%
郑××	3.87（9）	5.28（8）	1.41	36.4%
陈 ×	7.43（3）	8.96（4）	1.53	20.6%
刘 ×	6.25（3）	8.88（4）	2.63	42.1%
欧阳××	-	8.23（2）	-	-
余 ×	-	-	-	-

注：括号中数字表明运动员测试血乳酸的次数

从表2-3可以看出，10名运动员在第二阶段的训练阶段中的血乳酸平均值明显高于第一阶段的训练阶段，其中女性运动员的增长幅度从32.0%～97.5%，男子运动员的增长幅度从20.6%～42.1%。而且在实际训练中，这种增长往往是训练强度跨越个体乳酸域所造成的。因此，第二阶段的水中训练强度明显高于第一阶段的训练强度。

从表2-2和表2-3可以得到如下结论：4.19～5.17作为第一阶段的训练属于训练周期的准备时期，运动量较大而运动强度相对较小；6.14～7.12作为第二阶段的训练训练强度大增，而运动量相对减少，属于训练周期的比赛时期。

2.2.2 运动员在不同训练阶段血液某些激素水平的变化

2.2.2.1 优秀游泳运动员不同训练阶段 T（ng/dl）的变化

表 2-4 优秀游泳运动员不同训练阶段 T（ng/dl）的变化表

性别	第一阶段			第二阶段		
	P1	P2	P3	C1	C2	C3
男	516.2±56.8▲	443.6±93.6	448.4±84.1	460.3±114.3	544.4±94.3	634.5±89.4▲▲
女	36.7±14.3	79.9±28.3☆☆	64.9±22.5☆☆	46.0±12.0	49.6±18.7	71.6±24.2

▲与 p3 相比 ▲P<0.05 ▲▲P<0.01 ☆与 p1 相比 ☆P<0.05 ☆☆P<0.01

男子运动员在第一阶段训练中，血睾酮值呈下降趋势：从训练前的 516.2ng/dl 到训练后的 448.4ng/dl，下降幅度为 12.8%，其变化有显著性差异（P<0.05）；在第二阶段训练中，血睾酮值呈上升趋势：从训练前的 460.3ng/dl 到训练后的 634.5ng/dl，上升幅度为 37.8%，但其变化无显著性差异。第一阶段 p3 和第二阶段 c3 的血睾酮值相比有非常显著性差异（P<0.01），显示不同阶段训练对男子运动员血睾酮值有明显的不同影响。

女子运动员在第一阶段训练中，血睾酮值非常显著性上升（P<0.01），然后略有下降，但与初试值相比仍有非常显著性差异（P<0.01），其大幅度提高的原因仍需进一步研究；在第二阶段训练中，血睾酮值呈上升趋势：从训练前的 46.0ng/dl 到训练后的 71.6ng/dl，上升幅度为 55.7%，但其变化无显著性差异。有关优秀游泳运动员不同训练阶段 T（睾酮）（ng/dl）的变化见图 2-1，图 2-2。

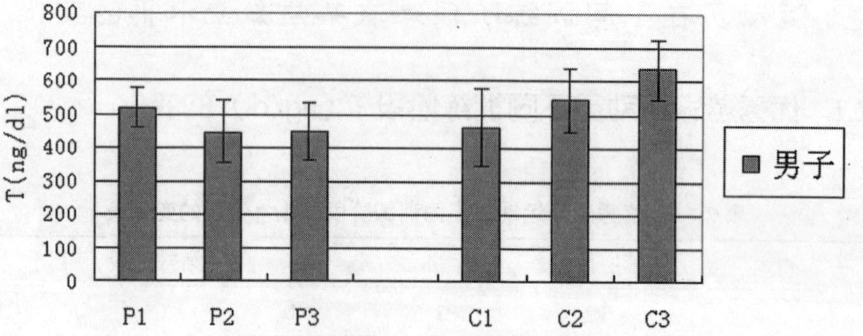

图 2-1　男子优秀游泳运动员不同训练阶段 T（ng/dl）的变化图

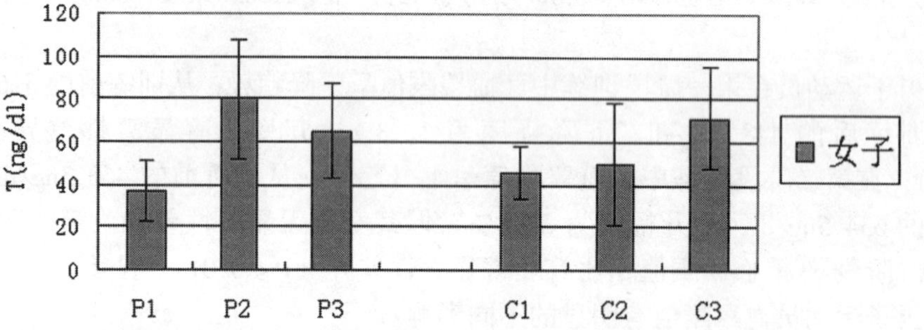

图 2-2　女子优秀游泳运动员不同训练阶段 T（ng/dl）的变化图

2.2.2.2　优秀游泳运动员不同训练阶段 C（ug/dl）的变化

表 2-5　优秀游泳运动员不同训练阶段 C（ug/dl）的变化表

性别	第一阶段			第二阶段		
	P1	P2	P3	C1	C2	C3
男	14.9 ± 2.15	18.8 ± 3.33▲	17.7 ± 3.28	14.9 ± 1.45	17.4 ± 3.00	18.3 ± 1.38☆
女	16.8 ± 2.09	17.8 ± 2.32	16.1 ± 4.36	14.6 ± 2.46	16.7 ± 5.58	18.6 ± 3.11☆

▲与 p1 相比　▲P < 0.05　▲▲P < 0.01　☆与 c1 相比　☆P < 0.05　☆☆P < 0.01

在第一阶段训练开始两周后，男女运动员的皮质醇均呈上升趋势，其中男子运动员的升高有显著性意义（$P<0.05$）。在经过两周训练，男女运动员的皮质醇值均有所回落，但仍较训练前值为高，提示运动员对训练安排有所适应；在第二阶段训练中，男女运动员的皮质醇均呈明显上升趋势；C3 与 C1 相比，男子运动员的升高有显著性意义（$P<0.05$），女子运动员的升高有非常显著性意义（$P<0.01$）。其变化见表 2－5 和图 2－3。

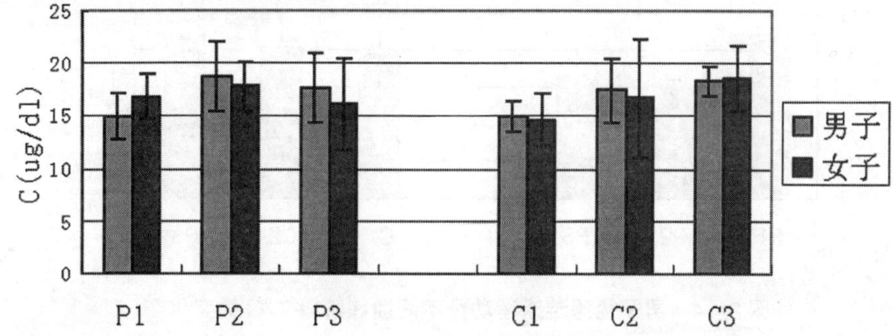

图 2－3 优秀游泳运动员不同训练阶段 C（ug/dl）的变化图

2.2.2.3 优秀游泳运动员不同训练阶段 T/C 的变化

表 2－6 优秀游泳运动员不同训练阶段 T/C 的变化表

性别	第一阶段			第二阶段		
	P1	P2	P3	C1	C2	C3
男	44.4 ± 8.16	29.7 ± 2.70	33.3 ± 9.89	39.2 ± 10.38	40.9 ± 11.61	44.0 ± 7.76
女	2.80 ± 1.16	5.79 ± 2.27▲▲	4.99 ± 0.83▲	3.99 ± 0.87	3.96 ± 1.63	4.77 ± 1.05

▲与 p3 相比 ▲$P<0.05$ ▲▲$P<0.01$

注：T/C 值 = 血睾酮值（ng/dl）/血皮质醇值（ug/dl）＊1.26

男子运动员在第一阶段训练中 T/C 的变化呈下降趋势：从训练前的 44.4 下降到训练后的 33.3，虽无统计学差异，但下降幅度为 33.3%，显示训练造成男子运动员分解代谢水平提高；在第二阶段训练中，男子运动员 T/C 的变化呈上升趋势。考虑到运动员在第一阶段 P3 是睾酮下降而皮质醇升高，在第二阶段则是睾酮上升且皮质醇上升，显示不同阶段训练使运动员处于不同的应激状态。

女子运动员由于第一阶段训练睾酮值的显著性升高，造成 T/C 值相应的升高，P2、P3 的 T/C 值与 p1 相比均有非常显著性差异（$P<0.01$）和显著性差异（$P<0.05$）；在第二阶段训练中，与男子运动员的 T/C 变化相似呈上升趋势。有关优秀游泳运动员不同训练阶段 T/C 的变化见图 2-4，图 2-5。

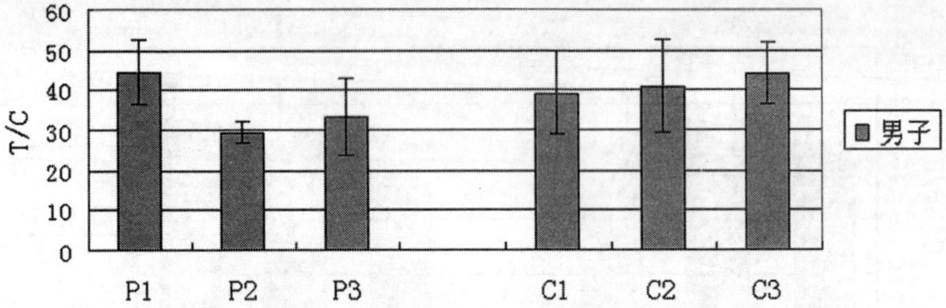

图 2-4　男子优秀游泳运动员不同训练阶段 T/C 的变化图

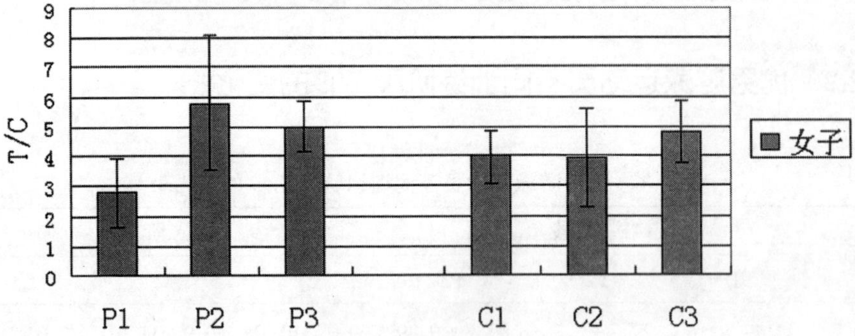

图 2-5　女子优秀游泳运动员不同训练阶段 T/C 的变化图

2.2.2.4　优秀游泳运动员不同训练阶段血清 IGF-Ⅰ(ng/ml)的变化

优秀游泳运动员不同训练阶段血清 IGF-Ⅰ（ng/ml）的变化见表 2-7，图 2-6。

表 2-7 优秀游泳运动员不同训练阶段血清 IGF-Ⅰ (ng/ml) 的变化表

性别	第一阶段		第二阶段	
	P1	P3	C1	C3
男	424 ± 144.5	533 ± 255.5	509 ± 300.1	544 ± 173.1
女	654 ± 147.1	634 ± 200.4	582 ± 209.1	652 ± 115.2

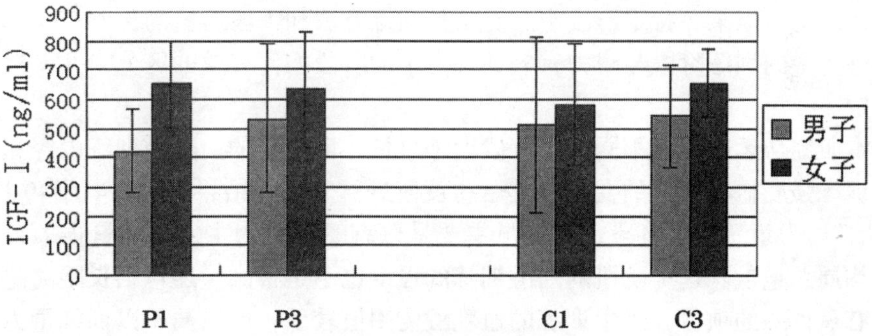

图 2-6 优秀游泳运动员不同训练阶段血清 IGF-Ⅰ (ng/ml) 的变化图

男子运动员在第一阶段和第二阶段训练中 IGF-Ⅰ呈上升趋势：第一阶段结束 P3 的 IGF-Ⅰ值为 533ng/ml，较开始训练时 P1 的 424ng/ml 升高 25.7%；第二阶段结束 C3 的 IGF-Ⅰ值为 544ng/ml，较开始训练时 c1 的 509ng/ml 升高 6.9%。两阶段训练 IGF-Ⅰ的变化组内和组间均无显著性差异（$P > 0.05$）。

女子运动员血清 IGF-Ⅰ变化趋势与男子相似：第一阶段结束 P3 的 IGF-Ⅰ值较开始训练时 P1 略有下降；第二阶段结束 C3 的 IGF-Ⅰ值为 652ng/ml，较开始训练时 C1 的 582ng/ml 升高 12.0%。变化同样无显著性差异。结果表明，男女运动员经过无论以量为主还是以力量训练为主的训练阶段，血清 IGF-Ⅰ都呈现上升趋势，只是这种上升变化的幅度并不明显。

2.3 讨 论

2.3.1 优秀游泳运动员不同训练阶段的训练特点

游泳是一项在水中进行的竞技项目，包括了耐力性和力量性运动两个部分。在实际训练中，各种训练方法和手段是混在一起综合运用的，以期达到平衡发展的总体效果，但某一特定阶段中会有某种训练方法和手段所占的比例较大。但力量训练为主的训练阶段与耐力有氧训练为主的阶段如何有效的区分，并没有明确的界定。

本研究从运动员在不同训练阶段训练总量、训练目的、陆上训练内容和表现水中训练强度血乳酸值的变化对其运动负荷进行表述，结果发现：4 月 19 日 ~ 5 月 17 日作为第一训练阶段，运动员主要是以有氧训练为主，运动量很大，表现在平均周总量上。这个阶段的陆上训练的强度也不是很高，还包括长距离跑等主要是有氧训练的项目，水中训练的血乳酸监测值较低，所以属于以训练量为主的准备时期；6 月 14 日 ~ 7 月 12 日作为第二阶段，动员训练时的强度要求明显提高，而平均周总量与第一阶段相比明显较少。这个阶段的陆上训练的强度明显提高，力量训练比重明显增多水中训练的血乳酸监测值较高，所以属于以力量训练为主的比赛时期。

2.3.2 不同阶段训练对优秀游泳运动员血清合成代谢激素的影响

睾酮（Testosterone，T）是体内主要的促合成代谢激素之一，它除了维持男子性功能和副性特征外，还刺激组织摄取氨基酸，促进核酸与蛋白质的合成，促进肌纤维和骨骼生长，刺激促进红细胞生成素分泌，增加肌糖原储备，维持雄性攻击意识。

长期运动会造成男女运动员安静时血睾的降低，而且一些追踪研究发现长期耐力性运动会使其睾酮水平变得更低[5-7,14-17,22]。研究表明，大训练量长跑运动员的血清 TT 和 FT 都明显低于安静组和中等训练量组，虽然没有低于正常范围，但已处于亚临床状态。这应该引起注意，因为中等训练量组没有出现这种情况[17]。而这种改变的生理学后果还要进一步观察。有学者认为，性激素的低水平对保护心脏有好处，可以减少发生冠心病的可能性[14]。

男性进行适宜的抗阻力量运动训练似能引起睾酮安静时水平的提升[24,32,62]。Kraemer et al（1999）[62]对青年男性（30yrs）和老年男性（60yrs）进行为期10周的大运动量抗阻力量训练发现，青年男性安静时总血睾水平有上升趋势，而游离血睾则明显上升。虽然大运动量的抗阻力量运动训练也会造成血睾水平下降，但即使是大强度的抗阻力量训练造成的过度训练，安静时及运动后包括睾酮在内的垂体、肾上腺和性腺的激素水平只是受到中等强度的影响，与耐力性运动训练造成的过度训练不同[24]。女性的情况似乎有所不同，女性的睾酮水平与其通过训练而增长的肌肉力量相关，而女性睾酮水平的个体差异很大，也许会影响个体的运动能力。

IGF－I是人体中最主要的生长介素，hGH主要是通过IGF－I来实现其合成代谢作用的。IGF－I不仅作为内分泌因子存在于血液中，而且还能通过自分泌或旁分泌方式在组织局部发挥作用。IGF－1被认为是反映GH/IGF－1轴状态的更有用指标，因为与GH相比更稳定。已有研究发现，长期持续性训练会使青年男女的IGF－1水平提高[22,75-76]；而老年受试者却没有出现同样的情况。这可能与年龄有关，但也可能是训练方式不同所造成的[22]。所以尚需进一步研究。Roelen et al（1997）[75]对健康青年男性进行2周的大运动量持续耐力训练，结果发现，经过2周训练后，运动组的血浆IGF－I水平明显提高，有氧运动能力（VO_2max等）大大增强；对照组血浆IGF－I水平和有氧运动能力没有明显变化。Koziris et al（1999）[76]对优秀大学生男女运动员进行了一个赛季的研究观察，并将赛季分为训练前、训练2个月、训练4个月和赛季结束，结果发现，男女运动员的血清IGF－I水平在前三个阶段逐渐上升，比赛阶段仍保持高水平。并且还观察到，IGFBP－1在各阶段都没有显著性变化，而IGFBP－3在第三、第四阶段明显高于训练前水平。

多数研究表明，长期抗阻力量训练能使男女性的血清IGF－1水平提高[22,34,77]。有学者认为，由于女性的低睾酮水平，在训练中，她们更要通过刺激GH－IGF－1轴来提高肌肉蛋白的合成[22]。Borst et al（2001）[77]发现，经过13～25周的抗阻力量训练，男性和女性的血清IGF－1有相同的增长，并且发现大运动量组IGFBP－3明显下降，而小运动量组则没有发现。IGFBP－3下降意味着游离IGF的增多，有利于肌肉力量的增长，而研究人员的确发现大运动量组的肌力增长更明显。该研究也表明了，引发IGF－1的生物活性发生改变也许需要有一定运动量的抗阻性训练。Marx et al（2001）[34]对女性受试者的研究表明，大运动量和小运动量的抗阻力量训练都会引起血清 IGF－1 增长。但也有研究表明，长期抗阻力量训练对血清 IGF－1 水平无影响。Kraemer et al（1999）[62]对青年男性（30yrs）和老年男性（60yrs）进行为期 10 周的大运动量抗阻力量训练，结果发现，训练后两组的血清 IGF－1 水平均无变化；青年组增加安静时 IGFBP－3，而老年组并无变化。

本研究中运动员的血睾酮变化与以往的研究结果大体相同，研究发现男子运动员在第一阶段以量为主训练中，血睾酮值呈下降趋势；在第二阶段以强度为主训练中，血睾酮值呈上升趋势，且第二阶段训练后期的血睾酮值与第一阶段后期相比有显著性差异。女子运动员在第一阶段训练中，血睾酮值非常显著性上升，然后略有下降；在第二阶段训练中，血睾酮变化与男子运动员相同。男子运动员在第一阶段和第二阶段训练中 IGF－Ⅰ呈上升趋势，女子运动员血清 IGF－Ⅰ的变化趋势与男子相似，但变化都无显著性差异。结果表明，男女运动员经过无论以量为主还是以力量训练为主的训练阶段，血清 IGF－Ⅰ都呈现上升趋势，只是这种上升变化的幅度并不明显。

本研究结果表明，适宜力量运动训练能引起机体血清睾酮安静时水平的提升，无论男女性都是如此；同样，无论是持续性训练还是力量训练都能造成男女性血清 IGF－Ⅰ的上升，但这种变化并不明显，提示 IGF－Ⅰ在运动应激应答的作用没有睾酮大。

2.3.3 不同阶段训练对优秀游泳运动员血清分解代谢激素的影响

皮质醇（Cortisol，C）的生物学作用主要是参加物质代谢，维持体内糖代谢的正常进行，保持血糖浓度的相对稳定；同时，促进肝外组织蛋白质的分解，抑制氨基酸进入肝外组织，使血中氨基酸含量上升，加强糖异生；另外，促使四肢的脂肪组织分解进行氧化。包括运动在内的多种应激都可使皮质醇升高，由于皮质醇可通过分解蛋白实现糖异生，提高血糖水平，所以 C 升高被认为是分解代谢阶段标志。

在长期耐力性运动训练过程中，安静时血皮质醇的变化没有获得一致的研究结果，有的升高，有的降低，还有的不变，这主要与运动负荷的安排有关[47－48,50,60－61]。Houmard et al（1990）[60]研究发现，进行正常训练的男子长跑运动员安静时的总睾酮水平较低，皮质醇水平较高，安静时的睾酮和皮质醇值对减量训练不敏感。Tegelman et al（1990）[61]研究了瑞典国家男女滑雪队各10名运动员和同龄未受过训练的控制组受试者（15男、13女）非赛季期间的激素水平变化。发现运动员组未见任何过度训练的症状。男子运动员组与控制组之间的激素变量无明显差异，女子运动员组的皮质醇水平明显高于对照组，Witter et al（1996）[48]和 Duclos et al（1997）[47]的研究都表明长期耐力性训练对于安静时皮质醇的影响很小。

长期应激会削弱下丘脑－垂体－肾上腺轴的反应，主要体现在肾上腺皮质对ACTH的反应性降低，即皮质醇释放阈值的提高[45-50]。研究表明，长期训练使得运动员的肾上腺皮质肥大，并伴随有线粒体的增多和内织网活性的增强，而线粒体和内织网正是糖皮质激素的主要合成部位。Witter et al（1996）[48]认为这种适应性变化有助于防止高皮质醇症出现，而高皮质醇实际上应反映了HPA轴对运动的不适应。Viru（1992）[45]这种变化是肾上腺皮质机能加强的体现，有利于满足非正常活动对内分泌系统的需要。

研究发现，长期抗阻力量运动造成皮质醇的下降或是不变[24,32-34,62]。Mero et al（1990）[32]研究了男少年运动员1年训练期间血清激素和运动能力的变化，发现与对照组相比，受试者的速度、速度—力量和无氧能力明显增大，血睾升高，但皮质醇没有明显变化。A.C.Fry et al（1998）[24]研究发现，2周的抗阻力量运动训练造成安静时皮质醇水平降低，并且在抗阻力量训练造成的过度训练中，皮质醇却没有出现像耐力性运动造成过度训练中的升高现象。Kraemer et al（1999）[62]对青年男性（30yrs）和老年男性（60yrs）进行为期10周的大运动量抗阻力量训练发现，青年男性安静时C无变化，老年男性安静时C水平与训练前相比明显下降。女性的情况也是如此，Hakkinen et al 和 Marx et al 的研究都表明长期抗阻力量运动造成女性肌力的明显增长，但对皮质醇的影响并不明显[33-34]。

本研究发现，男女运动员在以量为主第一阶段和以力量训练为主第二阶段训练中都出现血清皮质醇水平的显著性上升，而与文献中认为长期力量运动造成皮质醇的下降或是不变的结论有出入。本研究认为：由于游泳训练是各种训练方法和手段混在一起综合运用的训练的项目，每个训练阶段都有综合性的目标，不可能有单纯耐力训练阶段和单纯力量训练阶段，所以运动员血清皮质醇的变化表明了不同训练阶段的同一性，即都是为正式比赛中实现最好成绩而进行的准备。

本研究表明，力量训练也能造成机体血清皮质醇水平的上升。在实际训练中，包括游泳在内绝大多数运动项目是由耐力性和力量运动两部分组成的，不可能有单纯耐力训练阶段和单纯力量训练阶段，如果这样就更容易出现血清皮质醇升高的现象。

2.3.4 不同阶段训练对优秀游泳运动员合成与分解代谢激素平衡的影响

众多学者认为[88-89]，测定 T/C 比值，可以了解体内合成代谢与分解代谢的平衡状态，该比值在目前成为公认的评定和监测过度训练、疲劳恢复状况最灵敏的指标。通常认为，比值高时机能状态好，是对运动负荷适应的表现。当身体疲劳或对负荷不适应时，比值下降。一般认为，当比值与原比值相比，下降大于30%时是过度训练的警戒线。

在长期持续训练过程中，T/C 比值一般是先上升，然后保持一段时间，再进一步下降到原来水平或更低，基本呈梯形变化。大量的研究表明，经过一段时间的训练后，运动员的运动能力提高，通常会伴随着 T/C 比值的提高；而在持续大强度训练期后，运动员出现疲劳积累，血睾酮持续下降，皮质醇也保持较高水平得不到恢复，机能下降，此时 T/C 比值明显下降，而且变化比单一指标更为敏感；而在调整期后，运动员机能状态良好，疲劳得到消除；会伴随着 T/C 比值的提高。Mujika（1996）研究发现，在 12 周集训和 4 周调整期间，运动员 T/C、FT/C 与其机能状态呈相关关系。

本研究发现，男子运动员在第一阶段训练 T/C 的变化呈下降趋势，在第二阶段训练中，男子运动员 T/C 的变化呈上升趋势。考虑到运动员在第一阶段 P3 是睾酮下降而皮质醇升高，在第二阶段则是睾酮上升且皮质醇上升，显示不同阶段训练使运动员处于不同的应激状态。女子运动员由于第一阶段训练睾酮值的显著性升高，造成 T/C 值相应的升高，P2、P3 的 T/C 值与 P1 相比均有非常显著性差异（$P<0.01$）和显著性差异（$P<0.05$）；在第二阶段训练中，与男子运动员的 T/C 变化相似呈上升趋势。研究结果表明运动员在第一阶段以量为主训练中分解代谢是主要方面，而在第二阶段以力量训练训练时合成代谢即占主要方面。

2.4 小　结

2.4.1　游泳运动员在以量为主的训练阶段，主要是以有氧训练为主，平均周总量高。陆上训练的强度低，主要是长距离跑等有氧训练的项目，水中训练的血乳酸监测值较低；游泳运动员在以力量训练为主的训练阶段，动员训练时的强度要求明显提高，而平均周总量少。陆上训练的强度明显提高，力量训练比重明显增多，水中训练的血乳酸监测值较高。

2.4.2 男子运动员在第一阶段以量为主训练中，血睾酮值呈下降趋势；在第二阶段以力量训练为主训练中，血睾酮值呈上升趋势，且第二阶段训练后期的血睾酮值与第一阶段后期相比有显著性差异。女子运动员在第一阶段训练中，血睾酮值非常显著性上升，然后略有下降，其原因尚需进一步探讨；在第二阶段训练中，血睾酮变化与男子运动员相同。无论是持续性训练还是力量训练都能造成男女运动员血清 IGF－Ⅰ的上升，但这种变化与血睾酮值相比并不明显，提示IGF－Ⅰ在运动应激应答的作用中没有睾酮大。

2.2.3 男女游泳运动员在以量为主第一阶段和以力量训练为主第二阶段训练中都出现血清皮质醇水平的显著性上升，可能是由于游泳项目训练过程没有单纯耐力训练和单纯力量训练造成的。

2.3.4 男子运动员在第一阶段训练 T/C 的变化呈下降趋势，在第二阶段训练中，男子运动员 T/C 的变化呈上升趋势。女子运动员由于第一阶段训练睾酮值的显著性升高，造成 T/C 值相应的升高，在第二阶段训练中，与男子运动员的 T/C 变化相似呈上升趋势。表明运动员在第一阶段以量为主训练中分解代谢是主要方面，而在第二阶段以力量训练训练时合成代谢即占主要方面。

3

人体试验Ⅱ

游泳项目力量训练阶段对游泳运动员身体成份和力量素质影响

上一个实验证实了游泳项目在不同的训练阶段对运动员机体系统水平应激有着不同的影响：运动员在第一阶段以量为主训练中分解代谢是主要方面，而在第二阶段以力量训练时合成代谢即占主要方面。本实验的目的在于连续追踪观测游泳运动员在进行一段以力量训练为主的阶段训练后，力量素质、身体成份和其他机能指标的变化，观测力量训练对人体整体水平应激反应的影响。

3.1 试验对象与方法

3.1.1 研究对象

国家游泳队在北京集训的6名二线队员，男4人女2人。男子运动员分别为冯××、魏××、刘××和赵××；女子运动员肖×和刘×。其基本情况见表3－1。

表3－1 受试运动员基本情况表

姓　名	性别	年龄	身高（cm）	专项运动年限
冯××	男	17	189	3
魏××	男	16	173	3
刘××	男	16	174	3
赵××	男	16	181	3
肖　×	女	16	172	4
刘　×	女	16	167	4
平均值		16.2±0.37	176±7.1	3.3±0.52

3.1.2 实验方案

采用追踪观察的方法。从6月14日开始，根据教练员安排，其水中训练以专项速度和专项耐力为主，其陆上训练以专项力量练习为主，到7月12日为一个周期。训练阶段都在试验前、后取两次血样，训练前后进行等动力量测试和身体成分测试。抽取血样为晨静脉血，上午07:00～08:00，将全血室温下静置，待血液凝固后，以3000rpm的转速离心7~10分钟，取血清待测。由于这6名运动员分属的教练员也是试验Ⅰ中10名优秀运动员的教练，所以他们这段时期训练负荷的安排可参照同试验Ⅰ中10名优秀运动员的训练负荷安排。

3.1.3 测试指标及方法

3.1.3.1 血清睾酮：同试验Ⅰ

3.1.3.2 血清皮质醇：同试验Ⅰ

3.1.3.3 血清IGF－Ⅰ的测定：试验Ⅰ

3.1.3.4 身体成份指标：体重和肌肉重量，测试是根据人体不同成份电阻水平不同的原理进行，测试仪器为韩国产Inbody3.0身体成份分析仪。

3.1.3.5 力量测试：膝关节和肩关节在60°/S和240°/S的峰力矩（PT）、峰力矩体重比（PT/BW）：其中60°/S测试主要是反映肌群的最大力量，240°/S测试主要是反映肌群的速度力量。肩关节屈伸的测试范围是0°~192°，膝关节屈伸的测试范围是0°~105°。测试仪器为Biodex公司产的等速测试仪测试。

3.1.4 统计学分析

按常规方法计算各指标的平均数、标准差、显著性检验为T－检验，显著性水平为0.05，统计软件为SPSS11.0。

3.2 结果与析

3.2.1 力量训练阶段前后运动员某些血清激素水平的变化

力量训练阶段对运动员某些血清激素水平的影响见表3－2。

表 3-2　力量训练阶段运动员血清激素水平变化表

性别	时间	IGF-Ⅰ(ng/dl)	T(ng/dl)	C(ug/dl)	T/C
男（4）	前	524±97.3	538±141.2	16±3.9	46±17.6
	后	598±70.8	593±131.9	17±1.6	44±9.6
女（2）	前	339±90.3	99±29.1	19±0.5	7±1.8
	后	463±60.0	81±14.1	19±1.9	5±0.4

从表 3-2 可见，运动员血清 IGF-Ⅰ在力量训练后有所增长，男性运动员从 524ng/dl 变为 598ng/dl，增长幅度为 14.1%；女子运动员从 339ng/dl 变为 463%，增长幅度为 36.6%；男子运动员的血清睾酮也有增长趋势，从 538ng/dl 变为 593ng/dl，幅度为 10.2%，女子运动员的血清睾酮却有所下降；男女运动员的皮质醇变化并不明显，在训练前后这两个指标的值基本不变，而 T/C 的变化也不明显。以上各种变化均无统计学意义（$p>0.05$），可能是由于样本量少的缘故。

3.2.2　力量训练阶段前后运动员体重和肌肉重量的变化

力量训练阶段前后运动员体重和肌肉重量的变化见表 3-3。

表 3-3　力量训练阶段前后运动员体重和肌肉重量的变化

姓名	体重（kg）			肌肉重量（kg）		
	前	后	差值	前	后	差值
冯××	73	73.2	0.2	62.9	62.6	-0.3
魏××	59.4	60	0.6	50.7	51.2	0.4
刘××	58.1	59.2	1.1	50.5	51.2	0.7
赵××	75.4	76.8	1.4	60	60.8	0.8
肖　×	58	57	-1	46.3	45.6	-0.7
刘　×	56.3	57.1	0.8	50.5	51.2	0.7

从表 3-3 可见，力量训练前后运动员的体重绝大多数处于一种增长的趋势，除一名女队员体重减轻 1kg 外，其他所有受试队员的体重均有所增长，幅度从

0.2~1.4kg 不等；而在肌肉重量方面，6 名受试者也有 4 名处于增长，幅度从 0.4~0.8kg，占体重增长的百分比为 57.1%~87.5%，两名的受试运动员肌肉重量减轻，占其体重变化的百分比为 60% 和 70%。这表明力量训练前后，运动员的体重呈现一种增加趋势，这种体重的增长主要是以肌肉重量的增长实现的。

3.2.3 力量训练阶段前后运动员力量素质的变化

3.2.3.1 力量训练阶段前后运动员肩关节力量素质在不同速度下的变化

力量训练阶段前后运动员肩关节前屈后伸峰力矩（pt–1bt）在不同速度下的变化见表 3–4。

表 3–4 运动员肩关节前屈后伸峰力矩（pt–1bt）在不同速度下的变化表

性别	运动方向	60°/S			240°/S		
		前	后	增长百分比	前	后	增长百分比
男（4）	屈	44±7.1	49±10.4	11.4%	46±5.5	53±6.6	15.2%
	伸	67±10.9	68±16.4	1.5%	59±9.8	66±13.1	11.9%
女（2）	屈	32±1.1	39±3.3	21.9%	41±3.7	44±2.5	7.3%
	伸	49±4.9	58±0.2	18.4%	47±10.3	55±5.2	17.0%

注：60°/S 反映肌群的最大力量，240°/S 反映肌群的速度力量

从表 3–4 可见，经过 4 周左右的阶段力量训练，在反映最大力量的 60°/S 和反映速度力量的 240°/S 的测试中，运动员肩关节的峰力矩值无论是前屈还是后伸都呈上升趋势。虽然由于测试例数较少等原因，这种上升在统计学中没有显著性差异，但除了男子运动员在 60°/S 后伸和女子运动员在 240°/S 前屈的增长百分比小于 10% 外，其他数值的增长均高于 10%，女子 60°/S 前屈的增长百分比更是达到 21.9%，显示运动员肩关节肌力增长还是较为明显。另外，女子运动员的百分比值较男子运动员为高，似提示女子运动员在力量训练中有更明显的效果。

力量训练阶段前后运动员肩关节前屈后伸峰力矩体重比（%）在不同速度下的变化见表 3–5。

表 3-5　运动员肩关节前屈后伸峰力矩体重比（%）在不同速度下的变化表

性别	运动方向	60°/S			240°/S		
		前	后	增长百分比	前	后	增长百分比
男（4）	屈	60 ± 6.2	64 ± 12.7	6.7%	41 ± 5.1	46 ± 12.1	12.2%
	伸	116 ± 18.7	119 ± 14.9	2.5%	69 ± 9.4	76 ± 11.2	10.1%
女（2）	屈	57 ± 2.4	59 ± 0.3	3.5%	36 ± 4.1	39 ± 5.2	8.3%
	伸	95 ± 17.0	109 ± 37.5	14.7%	58 ± 6.7	66 ± 7.8	13.8%

峰力矩代表了肌肉收缩产生的最大肌力，即绝对力量；而峰力矩体重比代表肌肉收缩大小的相对肌力。从表 3－5 可见，阶段力量训练后运动员峰力矩体重比也呈上升趋势，这就是说运动员训练后的相对肌力较训练前也是上升的。

3.2.3.2　力量训练阶段前后运动员膝关节力量素质在不同速度下的变化

力量训练阶段前后运动员膝关节前屈后伸峰力矩（pt－1bt）在不同速度下的变化见表 3－6。

表 3－6　运动员膝关节前屈后伸峰力矩（pt－1bt）在不同速度下的变化表

性别	运动方向	60°/S			240°/S		
		前	后	增长百分比	前	后	增长百分比
男（4）	伸	149 ± 19.0	172 ± 8.8	15.4%	87 ± 5.1	97 ± 2.4	11.5%
	屈	67 ± 11.7	74 ± 12.3	10.4%	47 ± 10.6	52 ± 12.8	10.6%
女（2）	伸	141 ± 8.8	144 ± 11.9	2.1%	73 ± 8.7	82 ± 1.8	12.3%
	屈	55 ± 3.4	52 ± 3.1	－5.5%	33 ± 4.8	32 ± 1.6	－3.0%

从表 3－6 可见，男子运动员在力量训练阶段前后的力量变化较为明显，虽然没有显著性差异，但在两个不同速度下前屈和后伸峰力矩值都有 10% 以上的

增长，显示其最大力量和速度力量都有不同程度的提高。而女子运动员情况有所不同，除了240°/S前伸有12.3%的增长外，其他要么增长不明显，或是力量略有下降，呈现负增长。这可能与受试者例数少有关，但更可能的是力量训练的不同侧重造成的结果。

力量训练阶段前后运动员膝关节前屈后伸峰力矩体重比（%）在不同速度下的变化见表3-7。

表3-7　运动员膝关节前屈后伸峰力矩体重比（%）在不同速度下的变化表

性别	运动方向	60°/S			240°/S		
		前	后	增长百分比	前	后	增长百分比
男（4）	伸	120 ± 11.0	138 ± 13.6	15%	80 ± 8.4	89 ± 11.2	10.0%
	屈	68 ± 8.1	70 ± 11.1	2.9%	42 ± 4.9	43 ± 3.9	2.4%
女（2）	伸	141 ± 8.8	135 ± 3.0	-4.3%	73 ± 8.7	86 ± 1.8	8.3%
	屈	67 ± 11.8	63 ± 12.9	-6.0%	38 ± 4.8	34 ± 2.0	-10.5%

从表3-7可见，男子运动员在力量训练阶段前后膝关节前屈后伸峰力矩体重比呈上升趋势，但增长百分比值低于前屈后伸峰力矩的百分比值；女子运动员在力量训练阶段前后膝关节前屈后伸峰力矩体重比除了240°/S前伸位正增长，其他均为负增长，而且其正增长的百分比值小于前屈后伸峰力矩百分比值，负增长百分比值绝对值大前屈后伸峰力矩百分比绝对值。另外，女子运动员的膝关节前屈后伸峰力矩体重比与男子运动员膝关节前屈后伸峰力矩体重比相比差别不大，有的甚至还超过男子，表明女子运动员活动膝关节的肌群力量达到相当高的水平。因此在力量训练阶段不需要特别提高相关肌群的力量，因而造成力矩比值和峰值的负增长。

3.3　讨　论

力量训练可造成男女肌力的显著增长已得到多个研究的证实[33-34.45]。如Kraemer et al（1999）[45]对青年男性（30yrs）和老年男性（60yrs）进行为期10周的大运动量抗阻力量训练发现，无论青年男性还是老年男性肌力都显著增长。女性的情况也是如此，Hakkinen et al（1992）[34]和 Marx et al（2001）[35]的研究都表明长期抗阻力量运动造成女性肌力的明显增长，本研究人体试验结果发现经过 4 周左右的阶段力量训练，在反映最大力量的 60°/S 和反映速度力量的 240°/S 的测试中，运动员肩关节的峰力矩值无论是前屈还是后伸都呈上升趋势；男子运动员膝关节峰力矩的变化与肩关节相同。而女子运动员情况有所不同，除了 240°/S 前伸有 12.3%的增长外，其他或是增长不明显，或是力量略有下降，呈现负增长。参照女子运动员的峰力矩体重比我们发现，女子运动员的膝关节前屈后伸峰力矩体重比与男子运动员膝关节前屈后伸峰力矩体重比相比差别不大，有的甚至还超过男子，表明女子运动员活动膝关节的肌群力量达到相当高的水平。因此在力量训练阶段不需要特别提高相关肌群的力量，因而造成力矩比值和峰值的负增长。这个结果更验证了上面提到过的观点，即由于游泳训练是由各种训练方法和手段混在一起综合运用的训练项目，每个训练阶段都有综合性的目标，不可能有单纯的耐力训练阶段和单纯的力量训练阶段，以力量训练为主的训练阶段，也不能单纯发展力量素质，而为正式比赛中实现最好成绩而进行的准备。

肌力早期的增长被认为是由于神经适应和协同功能改善，而肌力后期的增长则是因为肌纤维的肥大，但长期力量训练是否一定伴随肌肉形态学的变化则尚有争议。Cabric et al（1988）[80]研究发现电刺激力量训练后，受试者肌力增长的同时肌纤维增粗，肌细胞核的数量和体积增加；Hakkinen et al（1992）[33]研究发现，经过 3 周大强度力量练习，睾酮水平没有改变，而受试者肌肉力量和肌肉横截面积有明显提高；赖柳明[81]（1996）对 23 名普通大学生进行 2 个月的传统等张力量训练和含大强度离心收缩的特殊力量练习也发现肌力的增长伴随着肢体围度的显著变化。Cote et al[82]（1988）对伏案工作者进行了等速向心力量训练，结果发现，经过 10 周的肌力训练训练者的股四头肌肌力增加 54%，但肌肉的横截面积无明显变化。Esselman et al[83]（1991）报道了对未受过训练的健康男性进行 12 周的等动力量训练，肌纤维的面积无明显变化，而肌肉组织中糖酵解酶和线粒体酶的活性增加。最新的观点认为，力量训练的类型和方法不同，引起适应也有不同的特点：抗阻力训练可优先使快肌纤维增大，在肌纤维组成不变下可使快肌纤维（Ⅱ型）在正常范围内增大 90%。速度或力量训练可选择性地使快速糖分解纤维（Ⅱb）或快速有氧糖分解纤维（Ⅱa）变得肥大[85]。也许正是不同力量训练引起适应的多样性造成这种争议的出现。

本研究发现，运动员体重绝大多数处于一种增长的趋势，而在肌肉重量方面也大都处于增长状态，幅度从 0.4 ~ 0.8kg，占体重增长的百分比为 57.1% ~ 87.5%，2 名的受试运动员肌肉重量减轻，占其体重变化的百分比为 60% 和 70%。表明力量训练前后，运动员的体重呈现一种增加趋势，这种体重的增长主要是以肌肉重量的增长实现的。因此，我们认为影响绝对力量的另一因素是肌肉重量的大小。这提示：当运动员进行力量训练时，肌力增长的过程肯定伴随着肌肉重量和肌肉形态指标的变化，只是这种变化也许有时会不很明显。

总之，力量训练造成运动员机体肌力明显增长的同时，体重也呈现出一种增加的趋势，而且这种体重的增长主要是以肌肉重量的增长实现的，肌肉重量的大小可能是影响绝对力量的另一因素。

3.4 小 结

3.4.1 本研究中，力量阶段训练后男女运动员血清 IGF－Ⅰ和男子血清睾酮呈上升趋势，而男女皮质醇的影响并不明显，T/C 的变化也不明显。

3.4.2 本研究中，力量阶段训练后男女运动员体重呈现一种增加趋势，而且这种体重的增长主要是以肌肉重量的增长实现的。

3.4.3 经过 4 周左右的阶段力量训练，运动员肩关节的峰力矩值和峰力矩体重比都呈上升趋势；膝关节男子运动员力量指标仍呈上升趋势，女子运动员力量指标有所下降，主要是由于其力量水平已达高位，无需特意加强。

4

动物实验 I

模拟力量训练对大鼠整体机能和血清激素变化的影响

运动训练与运动能力的提高本质上是一个适应过程，运动训练对身体的适应过程应包括各器官、系统及其调节机理，最终以整体机能的形式表现出来。以往的很多研究已经表明，机体内分泌激素，特别是与合成和分解代谢相关激素的适应，是机体对运动训练适应和运动素质提高的重要基础。而以往的动物实验模型设计中，主要是研究过度训练对于动物机能的影响，往往反映的是机体对运动训练的不适应。本实验的目的是以强度训练为特点，力图建立符合实际训练负荷的训练模型，系统研究模拟力量训练对大鼠机体整体水平机能和血清激素变化的影响，并与人体试验结果相互对照。

4.1 实验动物与方法

4.1.1 实验动物

Sprague - Dawley（SD）雄性大鼠 40 只（由北京维通力华实验动物生物技术有限公司提供），2 个月龄，体重为 200 - 250 克。随机为对照组（CG）、不负重游泳组（FG）、负重 5%体重游泳组（5%G）、负重 10%体重游泳组（10%G）和负重 15%体重游泳组（15%G），每组各 8 只。各组动物体重无显著性差异。分笼饲养，每笼 4 只大鼠，自由饮食。室温 22 ± 3℃，昼夜节律用日光灯控制，光照时间 8：00AM ~ 10：00PM。所有大鼠实验前均未进行过游泳运动。

4.1.2 运动方式

购买 SD 雄性大鼠后适应性饲养 6 天，在正式训练前 1 天，让所有大鼠进行负重爬杆实验，确定各大鼠爬杆最大负重。负重爬杆实验在大水桶中进行，通中水深 15cm，温度 15 ± 1℃；所竖木杆直径 23cm，长 80cm。在大鼠尾根部悬挂重物，将其放入水桶，由于水温刺激，大鼠沿木杆往上爬。其最大负重重量确定如下：每次累加 5 克重量，直至大鼠在爬杆中出现如下情况：（1）在爬杆过程中，大鼠身体（包括尾部）不能完全离开水面；（2）大鼠身体离开水面后在杆上停留的时间不足 3 秒，则这时的重量为大鼠爬杆的最大负重重量。训练结束后第一天，所有大鼠进行负重爬杆实验，确定各大鼠爬杆的最大负重。

除对照组外，其他各组均进行 4 周游泳训练，每周 6 天，实验水深为 45cm，水温 30±1℃。根据文献，同等条件下负重 5%进行游泳训练大约 30 分钟就会造成力竭[114]，而无负重游泳大鼠一般可持续 2～3 小时。按文献提供的大鼠无氧训练模型稍加改进[115]：所有负重组游泳时间为 38 分钟，分为 5 组，每组 6 分钟，间歇 2 分钟；负重 5%体重游泳组尾根部悬挂相当于体重 5%的重量游泳训练 4 周；负重 10%体重游泳组第一周负重 5%体重训练，后三周负重 10%；负重 15%体重游泳组第一周负重 5%体重，第二周负重 10%，第三、四周负重 15%。训练前和训练过程的每周第一天都对大鼠进行称重，并根据体重确定负重运动组的负荷。而无负重组持续游 90 分钟。如果负重组大鼠在训练中出现力竭状态，及时捞起，休息 2 分钟后继续游泳，保证有 30 分钟的游泳时间；如果无负重组在训练中出现力竭状态，及时捞起，休息 2 分钟后继续游泳，保证有 90 分钟的游泳时间。力竭疲劳标准：（1）下沉 3 秒不能回水面；（2）游泳时动作出现明显不协调；（3）实验人员的感觉。

4.1.3 取 样

经过 4 周的训练，大鼠进行负重爬杆实验后第二天，所有大鼠均在安静状态下采用腹腔注射 25%的乌拉坦溶液麻醉后处死，用注射器在大鼠腹腔静脉取血，离心后提取血清存放在 -20℃冰箱处待测；迅速取出侧大腿股四头肌，在 4℃生理盐水中清洗，滤纸擦干，称重，用小手术剪剪取约 0.2g 的肌肉组织，置于匀浆器中，按 1：10 的比例加入生理盐水作为匀浆介质，手动匀浆，将匀浆液倒入试管后离心（3500rpm）10 分钟，提取上清液用于测试。剩余肌肉组织用锡箔包裹并作相应标志，放在纱布袋中置于液氮中保存待用。

4.1.4 测试指标

4.1.4.1 运动状况：包括大鼠运动训练中的能力表现和大鼠运动后的表现。

4.1.4.2 体重：实验前后大鼠的体重，用国产 G&GTIOO 型电子称称量。

4.1.4.3 最大负重：两次大鼠爬杆实验的最大负重重量，用国产 G&GTIOO 型电子称称量，测量精度 0.1 克。

4.1.4.4 相对力量：相对力量/体重。

4.1.4.5 股四头肌重量：大鼠侧大腿股四头肌，在 4℃生理盐水中清洗，滤纸擦干，用国产 TN 型托盘式扭力天平称重，测量精度 0.01 克。

4.1.4.6 股四头肌蛋白含量：用小手术剪剪取约 0.2g 的肌肉组织，置于匀浆器中，按 1:10 的比例加入生理盐水作为匀浆介质，手动匀浆，将匀浆液倒入试管后离心（3500rpm）10 分钟，提取上清液用于测试。测试用考马斯亮蓝蛋白测定法（bradford 法）测取（南京建成生物工程研究所提供，产品编号 A045）。测定原理：蛋白质分子具有 - NH3 + 基团，当棕红色 CBBG250 显色剂加入蛋白标准液或样品中时，CBBG250 染料上的阴离子与蛋白 - NH3 + 结合，使溶液变为蓝色，通过测吸光度（上海第三分析仪器厂的 721 分光光度计）可计算出蛋白含量，股四头肌蛋白总含量用 g/L 表示。

4.1.4.7 血清睾酮（T）的测定：应用放射免疫法（RIA）进行测定，碘标 125I。原理是应用放射性同位素标记物进行放射免疫分析。测试试剂盒为美国 DSL 公司提供的包被 - 抗体 - 计数放射免疫试剂盒，产品编号为：DSL4000，其中包括总睾酮抗体包被试管、125I 标记睾酮溶液和睾酮标准品。测试过程中将 50μl 样品直接滴入包被试管底部，加入 125I 标记睾酮溶液，37℃水浴 1 小时，即可在 Gamma 计数器（美国产 BeckMan DP5500）测试。血清睾酮（T）用 ng/ml 表示。

4.1.4.8 血清皮质酮（C）的测定：应用放射免疫法（RIA）进行测定，碘标 125I。原理是应用放射性同位素标记物进行放射免疫分析。测试试剂盒为美国 DSL 公司提供的包被 - 抗体 - 计数放射免疫试剂盒，产品编号为：DSL81100，其中包括总皮质酮抗体包被试管、125I 标记皮质酮溶液和皮质酮标准品。测试过程中将 25μl 样品直接滴入包被试管底部，加入 125I 标记皮质酮溶液，37℃水浴 1 小时，即可在 Gamma 计数器（美国产 BeckMan DP5500）测试。血清皮质酮（C）用 ng/ml 表示。

4.1.4.9 鼠血清 IGF - Ⅰ的测定：应用放射免疫法（RIA）进行测定，碘标 125I。原理是应用放射性同位素标记物进行放射免疫分析。测试试剂盒为美国 DSL 公司提供的提取法放射免疫试剂盒，产品编号为：DSL2900，其中包括 IGF - Ⅰ抗血清、125I 标记 IGF - Ⅰ溶液、IGF - Ⅰ标准品、沉淀液、提取液和中和液。

首先进行 IGF - Ⅰ的提取：向 25μl 的血清加入 100μl 的提取液，混匀后静置于室温下（大约 25℃）孵育 30 分钟。放入高速离心机（BeckMan cs - 15R 型）用 ≥10，000rpm 离心 3 分钟，提取上清液后加入 250μl 的中和液，轻轻混匀后待用。

测试时加入 50μl 的待测液，100μlIGF - Ⅰ抗血清和 125I 标记 IGF - Ⅰ溶液后室温下孵育 3 小时以上，加入 1.0ml 的沉淀液，用离心机（大约 3000rpm）离心 20 分钟，倒干水份后，即可在 Gamma 计数器（美国产 BeckMan DP5500）测试。

鼠血清 IGF-Ⅰ用 ng/ml 表示。

4.1.5 统计学分析

除运动状况外，所有指标计算平均数、标准差，显著性检验为 T 检验，显著性水平为 0.05，统计软件为 SPSS11.0。

4.2 结果与分析

4.2.1 运动状况

无负重游泳组在 90 分钟的游泳训练中，运动能力无下降迹象，训练结束出水后，表现为活泼好动，反应较快，眼睛有神，整 4 周的训练情况皆是如此；负重 5% 体重组在训练过程中，运动能力也无明显下降迹象，训练结束出水后，表现也为活泼好动，反应较快，眼睛有神，对食物反应也较为敏感，整 4 周的训练情况皆是如此；负重 10% 体重组在训练之初，往往在第三、第四节的训练中表现出运动能力下降，出现力竭疲劳的征象，38 分钟的训练一般需要有 3～4 次的休息，随着训练的持续 2 周后，运动能力下降往往出现在第四、五节训练中，38 分钟的训练一般需要有 1～2 次的休息，大鼠出水后不好动，反应较慢，但经过 10 分钟的擦干吹风后，一般都恢复常态；负重 15% 体重组自加到 15% 体重后，训练就很难完成，直至 4 周训练结束情况都是如此：训练过程中，往往在第二、三节即出现力竭疲劳的征象，38 分钟的训练一般需要 6～7 次的休息，完成整个训练十分吃力，出水后一般呈趴伏状态，表情冷淡，反应迟钝，一般经过擦干吹风后 25 分钟，情况有所好转。表明无负重组和 5% 负重组的训练负荷偏小，体现为承受特定的训练负荷后机体很快的适应，而且这个适应过程很短促；10% 负重组较为合适，体现为承受特定的训练负荷后机体能在一段时期后达到适应；而 15% 负重组的训练负荷偏大，表现为承受特定的训练负荷后机体一直不能适应。

4.2.2 不同训练对大鼠体重、最大负重和相对力量比值的影响

大鼠训练前后体重（g）变化见表 4-1。

表 4-1 大鼠训练前后体重（g）变化

组 别	前	后
对照组	238 ± 8.6	415 ± 29.6
无负重组	236 ± 12.7	376 ± 23.4
5%负重组	238 ± 6.4	376 ± 21.4▲
10%负重组	236 ± 8.3	360 ± 33.2▲
15%负重组	234 ± 9.3	386 ± 20.6▲▲

▲与对照组相比 ▲P < 0.05 ▲▲P < 0.01

从表 4-1 可见，各组训练前体重无显著性差异，训练后体重较训练前呈非常显著的增长（P < 0.01）。而经过 4 周的时间，对照组的体重明显高于运动各组：其中与 10%负重组相比有非常显著性差异（P < 0.01），与无负重组和 5%负重组相比有显著性差异（P < 0.05），与 15%组相比随无显著性差异，但其平均值也高出 7.5%。而在运动组之中，虽然 10%负重组的体重平均值最低，但各运动组之间训练后的体重值并没有显著性的差异。

大鼠训练前后最大负重（g）变化见表 4-2。

表 4-2 大鼠训练前后最大负重（g）变化表

组 别	前	后
对照组	69.7 ± 6.62	107.0 ± 25.27
无负重组	70.9 ± 10.79	208.4 ± 29.78▲▲
5%负重组	70.0 ± 13.00	228.8 ± 50.06▲▲
10%负重组	77.3 ± 9.72	249.9 ± 60.92▲▲
15%负重组	77.6 ± 6.00	237.1 ± 67.53▲▲

▲与对照组相比 ▲P < 0.05 ▲▲P < 0.01

从表 4-2 可见，训练前各组的最大负重值并无显著性差异，训练后最大负重较训练前呈非常显著的增长（P < 0.01）。而经过 4 周的训练，所有运动组的最大负重值都较同期的对照组有非常显著性的增长（P < 0.01）。负重训练组的最大

负重值较无负重组呈上升趋势，虽无显著性差异（P>0.05），但5%负重组和15%负重组的最大负重值较无负重组分别高出9.8%和13.8%，而10%负重组更是高出19.9%，表明负重训练对大鼠最大负重能力的提高有更明显的作用。

大鼠训练前后相对力量比值（%）的变化见表4-3。

表4-3 大鼠训练前后相对力量比值（%）的变化表

组 别	前	后
对照组	30.6±3.53	25.8±5.64
无负重组	30.1±4.25	55.4±6.75▲▲
5%负重组	29.4±5.82	60.7±13.64▲▲
10%负重组	32.8±4.73	69.4±15.79▲▲
15%负重组	33.2±2.30	61.8±18.93▲▲

▲与对照组相比 ▲P<0.05 ▲▲P<0.01

从表4-3可见，训练前各组的相对力量比值并无显著性差异。而经过4周时间，没有经过训练的对照组的相对力量比值较4周前还有所下降，但没有显著性差异（P>0.05），结合上面体重和最大负重的变化趋势和力量与肌肉的关系，提示：对照组大鼠最大负重值的增长主要来自体重的增加，而且这种体重的增加很大程度不是肌肉增加造成的。

各运动组训练后的相对力量比值较对照组均有非常显著性差异（P<0.01）。而在各运动组之中，随着训练负荷的增加，现对力量比值呈现上升后下降的趋势：5%负重组的训练后相对力量比值较无负重组高9.6%；10%负重组高25.3%，且有显著性差异（P<0.05）；15%负重组有所下降，只高出11.6%。整个运动组训练后相对力量比值变化趋势与其最大负重值的变化趋势相吻合，显示负重游泳训练有效地提高了大鼠的力量素质，起到了模拟力量训练的效果，而且负重10%体重的训练负荷的效果最明显。不同训练对大鼠负重和相对力量比值变化的影响见图4-1。

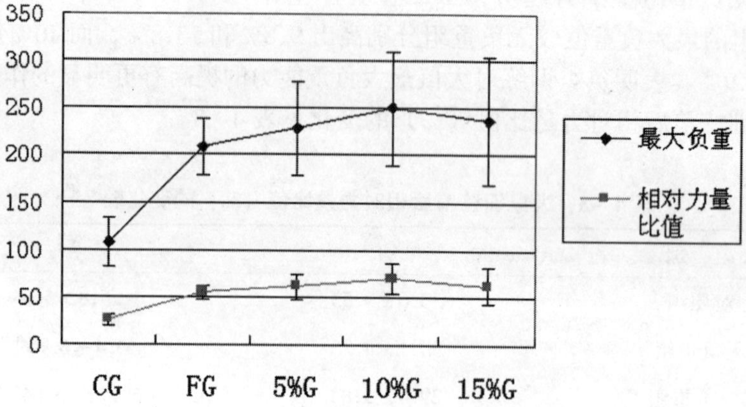

图4-1　不同训练鼠负重和相对力量比值变化趋势图

4.2.3　不同训练对大鼠股四头肌重量和股四头肌蛋白含量的影响

不同训练对大鼠股四头肌重量和股四头肌蛋白含量的影响见表4-4。

表4-4　不同训练对大鼠股四头肌重量和股四头肌蛋白含量

组　别	肌肉重量（g）	蛋白总量（g/L）
对照组	2.54±0.25	0.82±0.11
无负重组	2.31±0.21	0.83±0.07
5%负重组	2.42±0.21	0.82±0.02
10%负重组	2.41±0.30	0.84±0.08
15%负重组	2.48±0.20	0.82±0.10

从表4-4可见，各训练组大鼠股四头肌重量与对照组相比无明显变化，与对照组体重显著性的高于训练组的体重形成明显反差。以10%负重组的情况加以说明：10%负重组股四头肌重量为2.41g，低于对照组的2.54g，幅度为5.1%，无显著性差异（$P>0.05$）；而10%负重组训练结束后体重为360g，低于对照组的415g，幅度为15.3%，有非常显著性差异（$P<0.01$）。提示运动应激使大鼠主

要参与的骨骼肌选择性的肥大。

各组大鼠股四头肌蛋白含量没有明显变化，只有10%负重组的蛋白含量略高。表明大鼠骨骼肌选择性的肥大对其蛋白含量并无明显影响。

4.2.4 不同负荷训练对大鼠血清睾酮（ng/ml）的影响

训练组大鼠的血睾酮较对照组有非常显著性的上升趋势（$P<0.01$），而且随着强度的增大而上升更明显：无负重组、5%负重组和10%负重组睾酮值分别为6.4ng/ml，7.0ng/ml和9.2ng/ml，较对照组的3.5ng/ml升高82.9%，100%和162.9%，训练组之间比较无显著性差异（$P>0.05$）；15%负重组血睾酮值为5.3ng/ml，较10%组下降了42.4%，但无显著性差异（$P>0.05$），表明15%组血睾酮变化趋势脱离了其他训练组血睾酮随训练强度上升而提高的趋势。不同负荷训练大鼠血清睾酮变化趋势见图4－2。

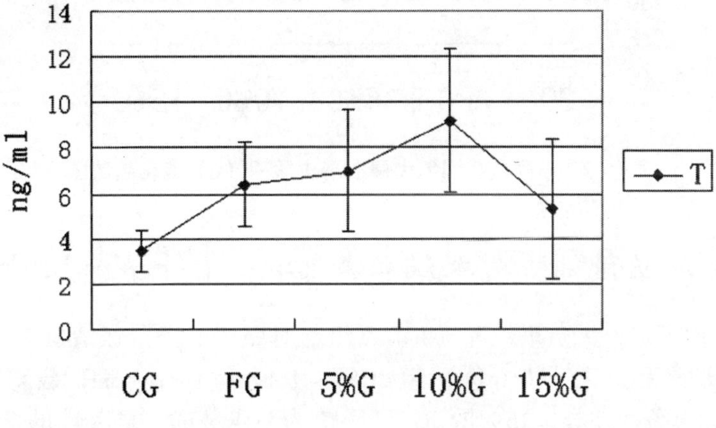

图4－2 不同负荷训练大鼠血清睾酮（T）变化趋势图

4.2.5 不同负荷训练对大鼠血清皮质酮（ng/ml）的影响

训练组大鼠的血清皮质酮较对照组呈上升趋势，而且也似随着强度的增大而上升更明显，但无显著性差异（$P>0.05$）：无负重组血清皮质酮值较对照组无明显变化，均值还略有下降；5%负重组、10%负重组和15%负重组的C值分别为729，858和915ng/ml，较对照组C值分别高出11.3%，31.0%和39.7%。联系大鼠训练状况的表现，在不同负荷训练条件下，大鼠血清皮质酮变化趋势似与大鼠对训练的适应程度变化趋势相一致：无负重组和5%负重组为十分适应，相对C值变化不明显；10%组为基本适应，C值有较大提升；15%为基本不适应，C值也最高。表明C值变化反应机体适应程度。不同负荷训练大鼠血清皮质酮变化趋势见图4-3。

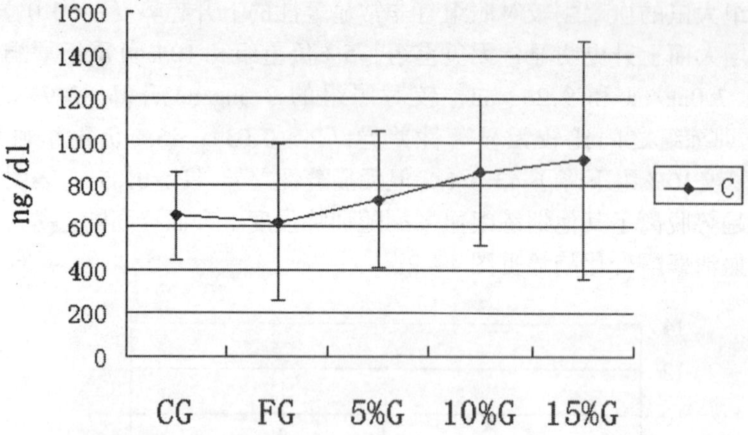

图4-3 不同负荷训练大鼠血清皮质酮（C）变化趋势图

4.2.6 不同负荷训练对大鼠血清IGF-Ⅰ(ng/ml)的影响

经过4周训练，无负重组和5%负重组与对照组的大鼠血清IGF-Ⅰ值与对照组相比几乎无变化；10%负重组IGF-Ⅰ值为1142ng/ml，较对照组高出9.4%，但无显著性差异；15%的IGF-Ⅰ值为904ng/ml，显著性的低于10%组($P<0.05$)，而且也低于对照组。大鼠血清IGF-Ⅰ和血清睾酮的变化有相似之处：10%体重负荷训练造成激素水平的最高峰，而15%体重负荷训练又使激素水平急剧下降，提示作为两种机体最主要的合成激素在大负荷应激状态下会有相同的应答；而IGF-Ⅰ变化不明显，且在无负重训练和5%体重负荷训练几乎毫无变化，似提示IGF-IGF-Ⅰ在运动应激应答的作用没有睾酮明显。不同负荷训练大鼠血清IGF-Ⅰ变化趋势见图4-4。

不同负荷训练对大鼠血清激素的影响见表4-5。

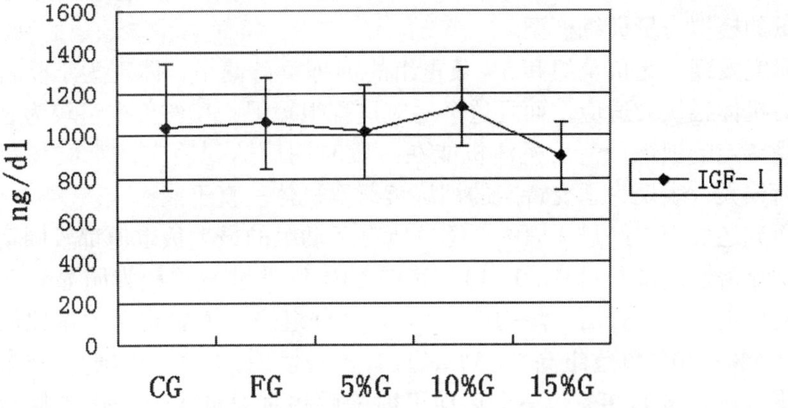

图 4-4 不同负荷训练大鼠血清 IGF-Ⅰ变化趋势图

表 4-5 不同负荷训练对大鼠血清激素的影响

组 别	T（ng/ml）	C（ng/ml）	IGF-Ⅰ（ng/ml）
对照组	3.5±0.90	655±205.9	1044±299.0
无负重组	6.4±1.87▲▲	624±362.7	1063±223.7
5%负重组	7.0±2.67▲▲	729±321.5	1024±226.1
10%负重组	9.2±3.12▲▲	858±343.9	1142±190.7
15%负重组	5.3±3.09	915±556.0	904±164.7

▲▲与对照组相比 ▲$P<0.05$ ▲▲$P<0.01$

4.3 讨 论

4.3.1 模拟力量训练对机体整体机能的影响

建立大鼠模拟力量训练模型是本研究动物实验部分的首要环节，在以往的研究中尚未见到有关大鼠游泳模拟力量训练模型的报道。以往的研究在设计大鼠负重训练时，多以负重 5%体重游泳至力竭[114]；而虽有文献[115]提供的大鼠无氧训练模型，但最终也是要实现大鼠的力竭。本研究是根据训练学关于力量耐力素质训练原理[116]，结合运动训练的实际，总结改进原有的大鼠游泳训练模型，力图建立大鼠的模拟力量训练模型。

本研究发现，无负重组和5%负重组的训练负荷偏小，体现为承受特定的训练负荷后机体很快的适应，而且这个适应过程很短促；10%负重组较为合适，体现为承受特定的训练负荷后机体机能在一段时期后达到适应；而15%负重组的训练负荷偏大，表现为承受特定的训练负荷后机体一直不能适应。

本研究还发现，经过4周的训练，所有运动组的最大负重值都较同期的对照组有非常显著性的增长（$P<0.01$），其中10%负重组增长最为明显。而相对力量比值同样出现先上升后下降的趋势：5%负重组的训练后相对力量比值较无负重组高9.6%；10%负重组高25.3%，且有显著性差异（$P<0.05$）；15%负重组有所下降，只高出11.6%。整个运动组训练后相对力量比值变化趋势与其最大负重值的变化趋势相吻合，显示负重游泳训练有效地提高了大鼠的力量素质，而且负重10%体重的训练负荷的效果最明显。

综合大鼠的训练状况，最大负重水平和相对力量比值的变化，本研究认为，负重游泳训练有效地提高了大鼠的力量素质，起到了模拟力量训练的效果，而且负重10%体重的训练负荷的效果最明显。显示力量训练需要一个适宜的负荷才能达到最佳的训练效果，而在本研究中，这个适宜的负荷可以通过观测实验对象运动状况来加以初步确定，表明训练对象的运动状况就是其机体整体机能反应的最直接表现形式。这也是符合运动应激理论的论述。

本研究还发现，各训练组大鼠主要参与训练的股四头肌重量与对照组相比无明显变化，与对照组体重显著性的高于训练组的体重形成明显反差，但各组大鼠股四头肌单位蛋白含量没有明显变化。表明运动应激使大鼠主要参与运动的骨骼肌选择性的肥大，而这种骨骼肌选择性的肥大对其单位蛋白含量并无明显影响。

结合人体试验结果，本研究认为经过力量训练后，机体肌力明显增长的同时，体重也呈现一种增加趋势，而且这种体重的增长主要是以肌肉重量的增长实现的，这种增长主要表现在参与训练的主要肌群选择性的肥大上，而且这种肌肉重量的增加不是由其单位蛋白含量增加所造成的。

4.3.2 模拟力量训练对血清激素水平的影响

以往的有关运动应激对动物激素水平影响的研究更多的是关注力竭疲劳后激素水平的变化[18,35,114]，对于适应运动训练后激素水平的变化并不多。而本研究设计的模拟力量训练对大鼠激素水平变化的影响，更是无相关的报道。

本研究发现，训练组大鼠的血睾酮较对照组有非常显著性的上升趋势（$P < 0.01$），而且随着强度的增大而上升更明显，10%组的血睾酮水平达到最高值；但15%组血睾酮值却有所下降，表明15%组血睾酮变化趋势脱离了其他训练组血睾酮随训练强度上升而提高的趋势，提示过度的力量训练也会造成血睾酮水平的下降。

大鼠血清皮质酮的变化趋势与大鼠对训练的适应程度变化趋势相一致：无负重组和5%负重组为十分适应，相对C值变化不明显；10%组为基本适应，C值有较大提升；15%为基本不适应，C值也最高。提示C值变化反应机体适应程度。

大鼠血清IGF－Ⅰ和血清睾酮的变化有相似之处：10%体重负荷训练造成激素水平的最高峰，而15%体重负荷训练又使激素水平急剧下降，提示作为两种机体最主要的合成激素在大负荷应激状态下会有相同的应答；而IGF－Ⅰ变化不明显，且在无负重训练和5%体重负荷训练几乎毫无变化，似提示IGF－Ⅰ在运动应激应答的作用没有睾酮明显。

另外，虽然没有具体计算各组T/C比值，但15%组的低睾酮和高皮质酮明显会使该比值较其他各组为低。

结合人体试验结果，本研究认为：适宜的力量运动训练能引起机体血清睾酮安静时水平的提升，无论男女性都是如此，动物实验也证实这一点。并且发现在适宜的范围内，血睾酮水平的提升随着强度的增大而变得更明显，但过度的力量训练会造成血睾酮水平的下降；同样，无论是持续性训练还是力量训练都能造成男女性血清IGF－Ⅰ的上升，但这种变化并不明显，提示IGF－Ⅰ在运动应激应答的作用没有睾酮大。而过度的力量训练也会造成血清IGF－Ⅰ水平的下降。力量训练也能造成机体血清皮质醇（酮）水平的上升。过度的力量训练使血清皮质醇（酮）持续处于高水平，C值变化反映了机体适应程度。力量训练使合成与分解代谢激素比值上升，机体内合成代谢与分解代谢的平衡状态向以内合成代谢为主的方向转变，而过度的力量训练会使代谢平衡发生向分解代谢为主的方向逆转。

4.4 小 结

4.4.1 根据大鼠运动状况，本研究认为：无负重组和5%负重组训练负荷偏小，表现为承受特定的训练负荷后机体很快的适应，而且这个适应过程很短促；10%负重组训练负荷基本合适，表现为承受特定的训练负荷后机体能在一段时期后达到适应；15%负重组训练负荷偏大，表现为承受特定的训练负荷后机体一直不能适应。

4.4.2　经过4周的训练，负重游泳组的最大负重值和相对力量比值都较无负重游泳组为高，显示负重游泳训练有效的提高了大鼠的力量素质，起到了模拟力量训练的效果，而且负重10%体重的训练负荷的效果最明显。

4.4.3　各训练组大鼠股四头肌重量与对照组相比无明显变化，与对照组体重显著性地高于训练组的体重形成明显反差，但各组大鼠股四头肌蛋白含量没有明显变化。提示其原因可能是运动训练使大鼠主要参与的骨骼肌选择性的肥大，而这种骨骼肌选择性的肥大对其蛋白含量并无明显影响。

4.4.4　训练组大鼠的血睾酮较对照组有非常显著性的上升趋势（$P<0.01$），而且随着强度的增大而上升更明显，10%组的血睾酮水平达到最高值；但15%组血睾酮值却有所下降，表明15%组血睾酮变化趋势脱离了其他训练组血睾酮随训练强度上升而提高的趋势。提示过度的力量训练会造成血睾酮水平的下降。

4.4.5　大鼠血清皮质酮变化趋势与大鼠对训练的适应程度变化趋势相一致：无负重组和5%负重组为十分适应，相对C值变化不明显；10%组为基本适应，C值有较大提升；15%为基本不适应，C值也最高。表明C值变化反应机体适应程度。

4.4.6　大鼠血清IGF－Ⅰ和血清睾酮的变化有相似之处：10%体重负荷训练造成激素水平的最高峰，而15%体重负荷训练又使激素水平急剧下降，提示作为两种机体最主要的合成激素在大负荷应激状态下会有相同的应答；而IGF－Ⅰ变化不明显，且在无负重训练和5%体重负荷训练几乎毫无变化，似提示IGF－Ⅰ在运动应激应答的作用没有睾酮明显。

4.6.7　15%组的低睾酮和高皮质酮明显使T/C比值较其他各组为低，提示量训练使合成与分解代谢激素比值上升，机体内合成代谢与分解代谢的平衡状态向以内合成代谢为主的方向转变，而过度的力量训练会使代谢平衡发生向分解代谢为主的方向逆转。

5

动物实验Ⅱ

模拟力量训练对大鼠骨骼肌 Hsp70 应答及其脂质过氧化的影响

所有组织中的细胞通过 HSPs 的快速合成对各种应激源作出反应[92]，其中HSP70是最主要的热休克蛋白之一。HSP70 参与运动引起细胞应激和损伤诱导HSP 表达，对细胞结构起保护作用，并可能参与 apoptosis 的控制，而这对于骨骼肌纤维在训练中的转化也许是十分重要的[110]。由于运动员能力改善首先是骨骼肌纤维结构和代谢能力改变，而蛋白质是生命活动中完成各种机能活动和活性物质，运动后对蛋白质合成的适应意义尤为重要。本实验并以骨骼肌细胞 HSP70变化为切入点，结合上述三个实验的结果，力图系统地研究和阐释力量训练阶段对于机体系统水平应激和整体水平应激影响的产生机制，为科学的力量训练打下基础。

5.1 实验动物与方法

5.1.1 实验动物

动物来源、体重及饲养方式同动物实验Ⅰ。

5.1.2 运动方式

动物的分组和运动方式同动物实验Ⅰ。

5.1.3 取　样

经过 4 周的训练，大鼠进行负重爬杆实验后第 2 天，所有大鼠均在安静状态下采用腹腔注射 25%的乌拉坦溶液麻醉后处死，用注射器在大鼠腹腔静脉取血，离心后提取血清存放在 - 20℃冰箱处待测；迅速取出左右侧大腿股四头肌，在4℃生理盐水中清洗，滤纸擦干，锡箔包裹并作相应标志，放在纱布袋中置于液氮中保存待用。

5.1.4 测试指标与方法

5.1.4.1 肌肉 MDA 含量的测定

测试前将右侧股四头肌样品取出，放入 4℃生理盐水中清洗，解冻，剪取一小块组织，称重后置于匀浆器中，按1:10的比例加入生理盐水作为匀浆介质，手动匀浆，将匀浆液倒入试管后离心（3500rpm）10分钟，提取上清液用于测试。

其原理是过氧化脂质降解产物的丙二醛（MDA）可与硫代巴比妥酸（TPA）缩合，在532nm处有最大吸收峰。同时用考马斯亮蓝蛋白测定法（bradford法）测取肌肉中蛋白含量。

计算公式：MDA含量（nmol/mg）=（测定管吸光度－测定空白管吸光度）÷（标准管吸光度－标准空白管吸光度）×10nmol/ml÷蛋白含量（mg/ml）

试剂盒由南京建成生物工程研究所提供，上海第三分析仪器厂的721分光光度计测试。

5.1.4.2 肌肉SOD活性的测定

肌肉样品的匀浆过程同上，测试时根据需要配成不同浓度的样液。

采用黄嘌呤氧化酶测定法测定，先作预测试，取一个最佳取样量。同时用考马斯亮蓝蛋白测定法（bradford法）测取肌肉中蛋白含量。

计算公式：SOD活力（Nu/mg）=（对照管吸光度－测定管吸光度）÷对照管吸光度÷50%×3.85/0.05÷蛋白含量（mg/ml）

试剂盒由南京建成生物工程研究所提供，上海第三分析仪器厂的721分光光度计测试。

5.1.4.3 股四头肌Hsp70含量的测定

将剩余右侧股四头肌组织，放入研钵并加入足够的液氮，使其完全冰冻，将冰冻的组织捣成粉状。并倒入手动研磨器中，加入对应量的提取液（0.5cm^3的组织用1ml的提取液，加拿大stressgen生物试剂有限公司）液继续研磨，直至其完全匀即浆化。将匀浆液倒入试管，在4℃下用高速低温离心机（BeckMan cs－15R型）在21，000g离心10分钟，提取上清液待测。

用样品稀释液对组织上清液进行稀释，稀释比例1:25，保留稀释后样品至少100ul用于测试，测试使用酶免法（ELISA），试剂盒为Hsp70 ELISA测试试剂盒（加拿大stressgen生物试剂有限公司提供），包括如下试剂：Hsp70免疫测试板、10×冲洗液、样品稀释液、抗Hsp70生物素稀释液、抗生物HRP蛋白稀释液、TMB底液和酸性终止液。按照说明书测试步骤操作，加TMB底液和酸性终止液后比色，所用读光仪为芬兰产Multiskan MS Cubic Spline V1.2－0型，波长定在450nm。测试所得的结果乘25，再除原先已由考马斯亮蓝蛋白测定法（bradford

法）测取肌肉中蛋白含量，Hsp70 含量用 ng/mgprot 表达。

计算公式：Hsp70 含量（ng/mg）= 稀释 25 倍上清液 Hsp70 含量（ng/ml）× 25 ÷ 蛋白含量（mg/ml）

5.1.5 统计学分析

按常规方法计算各指标的平均数、标准差，两组之间采用双侧 T－检验，应用直线回归法进行两变量之间的相关检验。显著性水平为 0.05，统计软件为 SPSS11.0。

5.2 结果与分析

5.2.1 不同负荷训练对大鼠骨骼肌 Hsp70 含量（ng/mg）的影响

不同负荷训练对大鼠骨骼肌 Hsp70 含量（ng/mg）的影响见表 5－1。

表 5－1 不同负荷训练大鼠骨骼肌 Hsp70 含量（ng/mg）变化表

组　别	Hsp70 含量（ng/mg）	变化率%
对照组	635 ± 207.7	
无负重组	688 ± 299.0	8.4%
5%负重组	980 ± 258.5▲☆☆◇◇	54.3%
10%负重组	904 ± 201.9▲◇	42.4%
15%负重组	548 ± 186.1	－13.7%

▲与对照组相比　▲P < 0.05　▲▲P < 0.01　☆与无负重组相比　☆P < 0.05　☆☆P < 0.01　◇与 15%组相比　◇P < 0.05　◇◇P < 0.01

经过 4 周的训练，无负重组股四头肌 Hsp70 含量较安静对照组升高 8.4%，但无显著性变化（P > 0.05）；5%负重组较对照组升高 54.3%，变化有显著性差异，而且对于无负重组的 Hsp70 含量值的变化也是有显著性差异的（P < 0.01）；

10%负重组的Hsp70含量仍处于高位，与对照组相比高出42.4%，有显著性差异（$P<0.05$）；15%负重组的Hsp70含量陡然下降，不但非常显著性的低于5%负重组（$P<0.01$），平均值也较对照组低13.7%。表明运动训练造成骨骼肌Hsp70水平的升高，而且强度越大，升高就越明显，并且有一定的平台期，但运动训练超过一定的限度，骨骼肌Hsp70水平就会陡然下降。其变化趋势见图5-1。

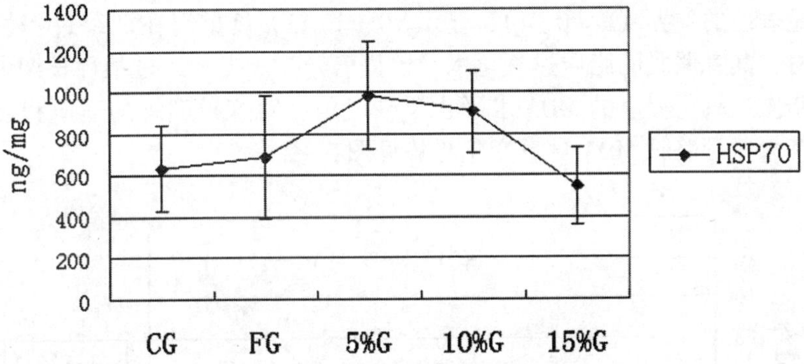

图5-1 大鼠骨骼肌Hsp70含量（ng/mg）在不同训练状况下变化趋势图

5.2.2 不同负荷训练对大鼠骨骼肌脂质过氧化的影响

对骨骼肌脂质过氧化的分析主要MDA水平和SOD活性来分析，不同负荷训练大鼠骨骼肌SOD活性水平和MDA水平变化见表5-2。

表5-2 不同负荷训练大鼠骨骼肌SOD活性水平和MDA水平变化表

组　别	SOD活性（Nu/mg）	MDA含量（nmol/mg）
对照组	45.2±10.02	3.5±1.01
无负重组	49.5±8.42	4.1±2.35
5%负重组	45.2±12.46	3.7±2.20
10%负重组	61.4±18.19	5.9±1.11▲▲
15%负重组	45.9±10.72	11.0±1.72▲▲☆☆

▲与对照组相比　▲$P<0.05$　▲▲$P<0.01$　☆与10%组相比　☆$P<0.05$　☆☆$P<0.01$

5.2.2.1 不同负荷训练对大鼠骨骼肌 MDA 含量的影响

经过 4 周的游泳训练，无负重组和 5%负重组股四头肌 MDA 水平较对照组均无明显改变，显示这两种负荷运动对骨骼肌的脂质过氧化无明显影响；10%负重组的 MDA 水平较对照组非常显著性的升高 68.6%（$P < 0.01$），15%负重组的 MDA 水平更是陡然达到 11.0nmol/mg，不但对于对照组，而且对于 10%负重组都有非常显著性的差异（$P < 0.01$），显示 10%和 15%负重组在训练过程显得不适应的同时，其骨骼肌的脂质过氧化水平也显著升高。提示经过某种长期训练，反映组织脂质过氧化程度的 MDA 水平也反映了组织对这种训练的适应程度。不同负荷训练大鼠骨骼肌 MDA 含量变化趋势见图 5－2。

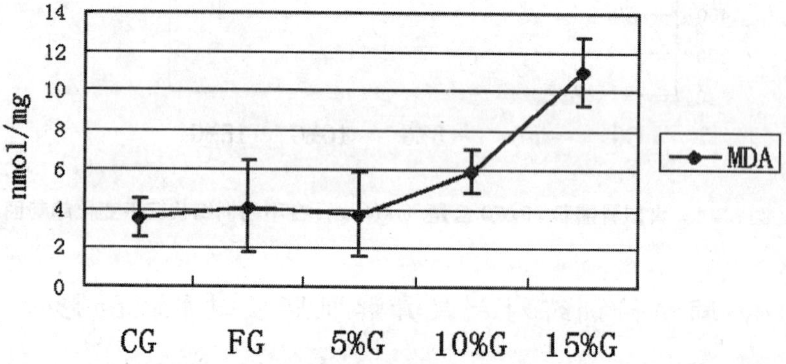

图 5－2 不同负荷训练大鼠骨骼肌 MDA 含量变化趋势

5.2.2.2 不同负荷训练对大鼠骨骼肌 SOD 活性的影响

经过 4 周的游泳训练，无负重组和 5%负重组股四头肌 SOD 活性水平较对照组均无明显改变，10%负重组 SOD 活性水平均值较对照组高出 35.8%，但无统计学差异（$P > 0.05$），15%负重组的 SOD 活性又回落到对照组水平。不同负荷训练大鼠骨骼肌 SOD 活性水平变化趋势见图 5－3。

5.2.3 大鼠骨骼肌 Hsp70 含量变化与脂质过氧化程度的关系

MDA 水平反映了组织的脂质过氧化程度，虽然 10%和 15%负重组的 MDA 水

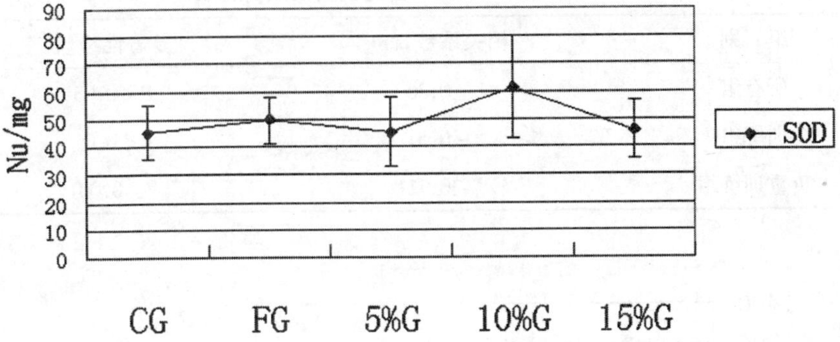

图 5－3 不同负荷训练大鼠骨骼肌 SOD 活性水平变化趋势

平与对照组等各组相比呈明显上升的趋势，显示 10%组 SOD 活性水平的提升是抵抗组织脂质过氧化的适应性反应，而 15%组 SOD 活性水平回落使得脂质过氧化程度急剧升高。

无负重训练组训练骨骼肌中 Hsp70 含量和 SOD 活性水平无明显变化，MDA 水平变化不明显；5%负重组 Hsp70 含量显著性上升（$P<0.01$），而 SOD 活性水平和 MDA 水平变化不明显；10%负重组 Hsp70 含量仍处于高水平，SOD 活性水平呈上升趋势，MDA 水平非常显著上升（$P<0.01$）；15%负重组 Hsp70 含量陡然下降，SOD 活性水平也下降至对照组水平，MDA 水平却达到最高点。经过计算，Hsp70 与 MDA 相关系数为－0.36，有统计学意义（$P<0.05$），属低度相关；仅训练组进行分析，相关系数为－0.51，同样具有统计学意义（$P<0.01$），属于中度相关；而仅以负重训练组进行分析，相关系数为－0.71，属于高度相关，同样有统计学意义（$P<0.001$），显示骨骼肌 Hsp70 水平和脂质过氧化程度变化趋势的负相关程度随着训练强度的增加而增加。提示组织中 Hsp70 含量随运动应激强度的增加而增加，并在平台时期，把脂质过氧化增加过程控制在相对和缓的状态，当训练强度突破平台期强度时，就会出现 Hsp70 含量的急剧下降和脂质过氧化水平的突增。Hsp70 和 MDA 含量总变化散点图见图 5－4，Hsp70 和 MDA 含量相关系数见表 5－3。

表 5-3　Hsp70 和 MDA 含量相关系数变化表

组　别	相关系数（r）	显著性检验
所有组	-0.36	P<0.05
训练组	-0.51	P<0.01
负重训练组	-0.71	P<0.001

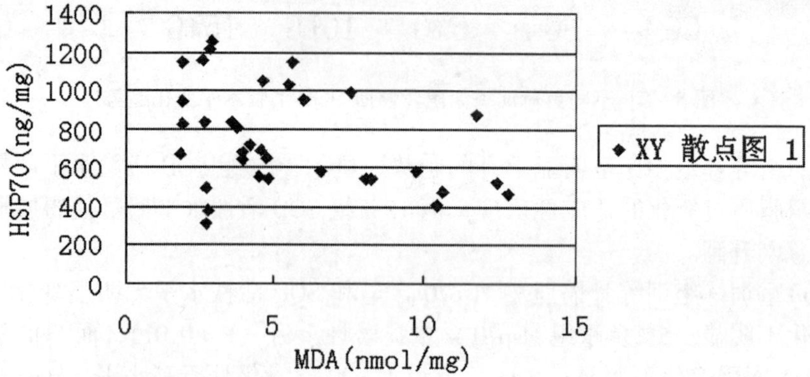

图 5-4　Hsp70 和 MDA 含量总变化散点图

5.3　讨　论

5.3.1　力量训练对骨骼肌热休克蛋白 70 表达的影响

热休克蛋白（HSPs）又称应激蛋白（SP），广泛存在于原核细胞和真核细胞中。研究表明，所有组织中的细胞通过 HSPs 的快速合成对各种应激源作出反应。HSPs 作为反映细胞损伤指标之一，并可能参与骨骼肌纤维的转换，表明 HSPs 反映了细胞水平的应激状况。提示在运动训练引起的机体应激中，HSPs 可能是联系分子水平应激与系统水平应激和整体水平应激的关键[92,110]。其中 HSP70 是最主要的热休克蛋白之一。

HSP70 家族蛋白在细胞中普遍存在，它们是 HSPs 中具有最高温度敏感性和高度保守性的。HSP70在非应激状态下的含量非常少，通常认为其为诱导型的HSP，热休克后HSP70在细胞质中迅速合成，并迁移到细胞核内，与未成熟的蛋白质分子或其他结构结合，可能有利于核小蛋白的稳定[93]。HSP70对细胞受到包括热应激、缺氧和感染等应激因素刺激时有保护作用。这种对再次出现的应激有保护耐受性的获得，主要是通过分子伴侣作用、抗氧化作用、协同免疫作用和抗细胞凋亡作用[98]。

研究已经证明，有多种刺激能够引发HSP70的聚集，这些刺激包括：高温、缺血再灌注、缺氧、能量缺失、酸化和活性氧族（ROS）的形成等等。因为运动能使机体产生相似的代谢环境改变，所以，运动应激能诱导HSP70的生成十分正常。

应激后合成的HSP70可以使细胞对下一次热休克刺激的抗性增强，HSP70对细胞受到包括热应激、缺氧和感染等应激因素刺激时有保护作用，对运动应激也是如此。HSPs是机体组织的组成部分，从理论上说当机体适应应激的同时，HSPs也对应激产生适应。liu等[107]在另一篇报道中指出10名优秀的划艇运动员进行4周大强度划艇训练，其股四头肌细胞的HSP70水平在每一周末和训练前相比分别增长181、405、456、363%，呈下降趋势。长期训练会造成HSP对急性运动应答的减弱[103-105]。Smolka et al[103]研究发现，让经过八周训练的大鼠和未经过训练的大鼠在跑台上跑至力竭，经过训练大鼠比目鱼肌HSP72的浓度没有变化，而未经过训练大鼠比目鱼肌HSP72的浓度明显升高。Fehrenbach et al[104]发现大强度持续性运动伴随白细胞HSP70表达明显增加，该研究还发现经过训练的受试者与没有经过训练的受试者相比，其HSP70运动应答要弱，并认为这可能是对耐力性训练适应的表现。Jae－Keun et al[105]的最新研究也得到了相似的结论。

本研究发现，模拟力量训练使大鼠骨骼肌Hsp70表达呈升高趋势，而且负荷越大，升高就越明显，表明骨骼肌Hsp70表达依赖强度的诱导，从而证实了以往的观点[96,101]。如Skimore et al[101]发现不同的肌肉在运动时被利用的程度越大，其HSP70表达水平越高，而有的肌肉由于在运动时做功非常少，运动后其外HSP含量未发生明显变化。liu等[96]对6名优秀的赛艇运动员进行两个阶段的训练：第一个阶段包括3周高强度的训练和1周的调整期；第二个阶段包括3周低强度的耐力性训练和1周的调整期。在每个阶段的开始和结束从运动员的股四头肌活检取样。结果发现，经过3周高强度的训练，骨骼肌中HSP70明显增长，而随后的调整期，HSP70又明显回落；而3周低强度的耐力性训练后，骨骼肌中HSP70

无明显变化。骨骼肌中 HSP70mRNA 表达在高强度训练后显著性增长 257%，随后逐渐下降（第一次调整为 194%，低强度耐力训练为 166%，第二次调整为 119%）。

还有研究表明当机体组织细胞受到应激时，HSPs 合成受最大合成量的限制，因而只有下调组织细胞中 HSPs 的基础含量，才能在机体受到有害刺激时最大限度的合成，才能最大限度的保护细胞免受损伤。因此有学者认为，当运动应激超过了 HSPs 的保护范围时，意味着运动损伤和修复的失衡[109]。本研究还发现，模拟力量训练使大鼠骨骼肌 Hsp70 表达有一定的平台期：5%组到达高位后，10%组略有下降，但仍处于高水平。而 15%负重组运动负荷明显过大，超过一定的限度，骨骼肌 Hsp70 水平陡然下降。表明 Hsp70 在一定负荷范围内对骨骼肌细胞起保护作用，一旦超出这个范围，Hsp70 水平也会出现显著性下降，从而失去对细胞的保护作用。至于是什么原因致使 Hsp70 水平也会出现显著性下降，目前并无相关报道，尚需进一步研究。

本研究结果证实：力量训练使大鼠骨骼肌 Hsp70 表达呈升高趋势，且依赖强度的诱导；而且 Hsp70 表达有一定的高位平台期，在一定负荷范围内对骨骼肌细胞起保护作用。过度的力量训练使大鼠骨骼肌 Hsp70 含量显著性下降，其原因还需进一步研究。

5.3.2 力量训练对骨骼肌脂质过氧化的影响

脂质过氧化作用是指发生在水饱和脂肪酸共价键上的一系列自由基反应。许多研究结果已经证实，运动过程中脑、心肌、肝脏、骨骼肌组织的脂质过氧化反应发生显著性变化，并影响机体的结构和机能。机体内存在的可消除自由基、减轻其危害的物质主要是抗氧化酶，包括超氧化物歧化酶（SOD)、谷胱甘肽过氧化物酶（GSH－PX)、过氧化氢酶（CAT)。它们通过各自的作用途径，维持着体内自由基产生和消除的动态平衡。超氧化物歧化酶（SOD）是机体氧自由基防御体系中重要的抗过氧化酶，丙二醛（MDA）是机体内脂质过氧化的代谢产物。因此，可通过测定 MDA 和 SOD 了解机体细胞脂质过氧化的严重程度和机体清除自由基的能力。

以往在长期训练对细胞脂质过氧化的影响主要是集中在耐力训练方面，认为耐力训练可以提高机体的氧化能力和运动能力。虽然机体在安静时的自由基代谢水平并不因此有显著性变化，但机体抗氧化酶的活性提高，似保护细胞免受自由基的损害[113]。而关于力量训练对细胞脂质过氧化的影响,尚未发现相关的报道。

本研究发现，力量训练对骨骼肌 SOD 的影响并不明显：无负重组和 5%负重组骨骼肌 SOD 活性水平无明显改变，10%组呈升高趋势，15%组又回落到对照组水平，其变化没有显著性差异（$P>0.05$）。而力量训练却造成骨骼肌 MDA 水平的显著性提高：无负重组和 5%负重组股四头肌 MDA 水平较对照组无明显改变。10%负重组的 MDA 水平较对照组非常显著性的升高 68.6%（$P<0.01$），15%负重组的 MDA 水平更是陡然达到 11.0nmol/mg，不但对于对照组，而且对于 10%负重组都有非常显著性的差异（$P<0.01$）。

本研究结果表明，力量造成骨骼肌 MDA 水平的显著性提高，且依赖负荷的诱导，而对 SOD 影响并不明显。并提示：过度力量训练使骨骼肌脂质过氧化程度急剧升高，抗氧化酶活性的减弱可能是一个重要原因。

5.3.3 骨骼肌热休克蛋白 70 表达与脂质过氧化的关系

前面已经提到过，HSP70 对细胞的保护作用主要通过 4 个方面进行，抗氧化作用就是其中主要方面。

HSP 具有抗氧化能力通过两个方面表现出来：（1）当在应激时氧自由基（oxygen free radical）增多，通过脂质氧化会对生物膜的液态性、流动性、通透性发生巨大的影响而对细胞及亚细胞器如线粒体、溶酶体等造成破坏。HSP 则可抑制产生氧自由基的关键酶即 NADPH 氧化酶，通过反馈作用减少氧自由基的产生。（2）HSP 可直接释放和增加内源性过氧化酶如超氧化物歧化酶（SOD）水平，由于 SOD 能催化氧自由基发生歧化反应从而除氧自由基，故有细胞保护作用，Das et al[118]发现缺血再灌注引起了数种应激相关的抗氧化基因的激活，包括 HSP70，Mn－SOD 基因。Niedzwiecki[119]等在 37℃果蝇中发现 SOD－RNA 水平的增高是与 HSP70RNA 表达的增高相一致的。HSP 在细胞内具有抗氧化的生物活性，可使机体内源性抗氧化剂合成和释放增加，对应激有较强的抵抗作用。M.Moran 等的研究发现，经过 24 周的跑台训练，大鼠心肌 Hsp72 含量的明显增加，造成心肌总 SOD 和 mtSOD 活性较对照组有显著性的增长[99]。

本研究发现，无负重训练组训练骨骼肌中 Hsp70 含量和 SOD 活性水平无明显变化，MDA 水平变化不明显；5%负重组 Hsp70 含量显著性上升（$P<0.01$），而 SOD 活性水平和 MDA 水平变化不明显；10%负重组 Hsp70 含量仍处于高水平，SOD 活性水平呈上升趋势，MDA 水平非常显著上升（$P<0.01$）；15%负重组 Hsp70 含量陡然下降，SOD 活性水平也下降至对照组水平，MDA 水平却达到最高

点。经过计算，Hsp70 与 MDA 相关系数为 -0.36，有统计学意义（$P<0.05$），属低度相关；仅就训练组进行分析，相关系数为 -0.51，同样具有统计学意义（$P<0.01$），属中度相关；而仅以负重训练组进行分析，相关系数为 -0.71，属于高度相关，同样具有统计学意义（$P<0.001$），显示骨骼肌 Hsp70 水平和脂质过氧化程度变化趋势的负相关程度随着训练强度的增加而增加。

研究结果表明，骨骼肌中 Hsp70 含量随运动应激强度的增加而增加，通过两个方面抑制骨骼肌的脂质过氧化水平，并在平台时期，把脂质过氧化增加过程控制在相对和缓的状态，当训练强度突破平台期强度时，就会出现 Hsp70 含量的急剧下降和脂质过氧化水平的突增。

5.3.4 力量训练中机体整体水平、系统水平和分子水平应激反应的关系

运动训练与运动能力的提高本质是一个适应过程，这已经形成了共识。而运动训练与适应的一般关系如图 5-5 所示。

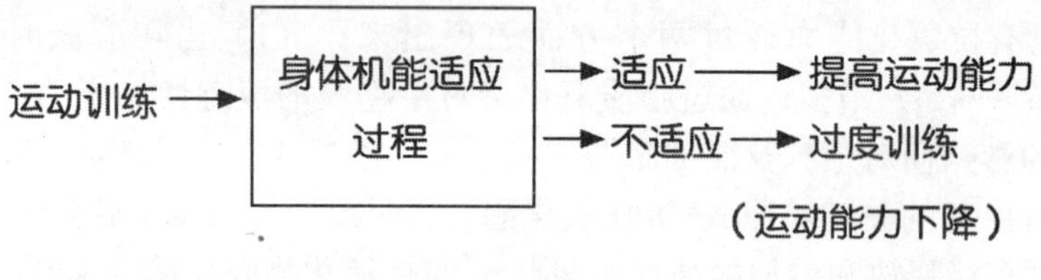

图 5-5　运动训练与适应一般关系图（引自 Viru A. Viru M.2001）[85]

运动训练后适应的理论基础主要有两个：（1）超代偿（超量恢复）规律；（2）应激学说。

超代偿规律认为：在运动时能源物质——糖、脂肪、蛋白质和氨基酸的消耗和在运动后其数量的恢复中，存在着超代偿现象；从而提出超代偿的规律。目前，在运动训练中，运动负荷和休息时间的安排仍在应用；运动后恢复期的营养安排，蛋白质，氨基酸的合理补充，合理补糖和赛前的糖原填充法，增加骨骼肌、肝的糖储量从而提高运动成绩，都是这个规律的具体应用。

应激学说认为：应激反应是一切日常生活中比较少见的强烈刺激所引起的反应，以及随后的生理恢复总称。在当前应激学说在运动训练中的应用，主要是从运动时身体机能变化中的神经－内分泌－免疫系统关系来分析运动训练和身体相

适应的关系。目前，从下丘脑－垂体－肾上腺皮质和下丘脑－垂体－性腺轴关系说明科学的训练方法和负荷与提高运动成绩的关系；身体机能与免疫系统的关系也日益受到重视[86]。

超代偿规律和应激学说是从不同方面探讨了运动训练与适应的关系：其中超代偿规律更着重于整体水平；而应激学说更多的是从系统水平的调节入手，但最后必然在整体水平上，在为运动训练提高运动能力的平台上与超代偿规律结合。

随着认识的深入，应激过程中恢复和适应的部分受到了更多的关注，并认为衰竭阶段已经是病理过程，不应包括在生理应激过程中。现代应激学说理论认为生理应激包括三部分：(1) 机体对刺激的直接反应及代偿性反应；(2) 对刺激的部分或全适应；(3) 刺激停止后机体的恢复过程。这三个部分互相交错，但需要着重的强调是适应[79]。从而使应激学说更符合运动训练的实际情况，也更容易在实际训练中得到应用。

同时我们知道，运动训练对身体的适应过程应包括各器官、系统及其调节机理，但细胞适应是器官水平的基础。骨骼肌细胞是完成运动的基本单位，故不同运动都可以引起肌细胞产生适应性变化。运动员竞技能力的提高在细胞水平上应具备的三个基本条件是：(1) 相适应的细胞结构；(2) 相适应的能量保证；(3) 相适应的机体调节能力。主要表现为：(1) 整体上决定神经系统和运动适应；(2) 内分泌系统体液调节和运动适应；(3) 免疫系统和运动适应[87]。

本研究运用现代应激理论作为理论基础，从机体整体反应，内分泌系统的调节与适应，影响细胞变化的关键蛋白的变化等三个不同层次入手，系统地对力量训练的效果和机制进行研究；并且由于运动员能力改善，首先是骨骼肌纤维结构和代谢能力改变，而蛋白质是生命活动中完成各种机能活动的活性物质，运动后对蛋白质合成的适应意义尤为重要，本研究的着眼点也在于此。

综合本研究所有研究结果发现，在机体整体水平反应方面：力量训练造成机体肌力明显增长的同时，体重也呈现一种增加趋势，而且这种体重的增长主要是以肌肉重量的增长实现的，主要表现在参与训练的主要肌群选择性的肥大上，而且这种肌肉重量的增加不是由其单位蛋白含量增加所造成的。由于机体绝对力量的变化高于相对力量的变化，表明绝对力量的变化不完全由其相对力量来决定，肌肉重量的大小可能是影响绝对力量的另一因素。另外，这个适宜的负荷可以通过观测实验对象运动状况来加以初步确定，运动状况就是其机体整体机能反应的最直接表现形式。

在机体系统水平反应方面：适宜力量运动训练能引起男女机体血清合成激素

的提升，但过度的力量训练也会造成合成激素水平的下降；力量训练也能造成机体血清分解代谢激素水平的上升，过度的力量训练使其持续处于高水平。所以，力量训练使合成与分解代谢激素比值上升，机体内合成代谢与分解代谢的平衡状态向以内合成代谢为主的方向转变，而过度的力量训练会使代谢平衡发生向分解代谢为主的方向逆转。

在机体分子水平反应方面：力量训练使大鼠骨骼肌 Hsp70 表达呈升高趋势，且依赖强度的诱导，而且 Hsp70 表达有一定的高位平台期。过度力量训练使大鼠骨骼肌 Hsp70 含量显著性下降，其原因还需进一步研究；力量造成骨骼肌 MDA 水平的显著性提高，且依赖负荷的诱导，而对 SOD 影响并不明显。并提示：过度力量训练使骨骼肌脂质过氧化程度急剧升高，抗氧化酶活性的减弱可能是一个重要原因；HSP70 具有抗氧化能力，而骨骼肌 Hsp70 水平和脂质过氧化程度变化趋势的存在显著性负相关。提示组织中 Hsp70 含量随运动应激强度的增加而增加，并在平台时期，把脂质过氧化增加过程控制在相对和缓的状态，当训练强度突破平台期强度时，就会出现 Hsp70 含量的急剧下降和脂质过氧化水平的突增。

本研究以骨骼肌蛋白合成的适应作为着眼点，探讨机体对力量训练产生适应的表现和机理。认为机体产生的三个水平的适应是相辅相成的：力量训练的方式和安排，使机体的激素生成发生改变，机体内合成代谢与分解代谢的平衡状态向以内合成代谢为主的方向转变，配合着肌细胞的专门代谢物（如亮氨酸、异亮氨酸等）和自身保护机制（HSP70）的变化相互作用来实现骨骼肌蛋白合成适应的形成，其中包括结构蛋白和酶蛋白的适应，加上神经肌肉系统的适应在内的骨骼肌其他适应，在整体上就表现出骨骼肌纤维增粗和运动能力（力量）的增强。其关系如图 5-6 所示。

5.4 小 结

5.4.1 模拟力量训练使大鼠骨骼肌 Hsp70 水平呈升高趋势，而且负荷越大，升高就越明显，并且有一定的平台期，但 15%负重组运动负荷明显过大，超过一定的限度，骨骼肌 Hsp70 水平陡然下降。

5.4.2 无负重组和 5%负重组骨骼肌 SOD 活性水平无明显改变，10%组呈升高趋势，15%组又回落到对照组水平，而 10%和 15%负重组的 MDA 水平与对照组等各组相比呈明显上升的趋势，尤其是 15%组 MDA 水平更是达到最高值。

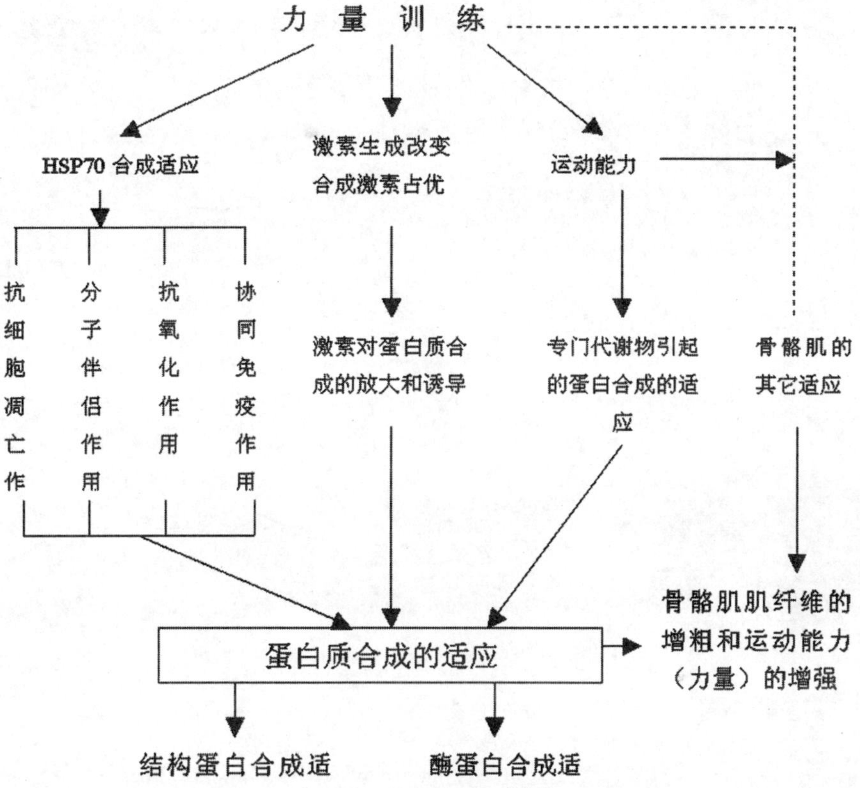

图 5-6　力量训练与骨骼肌适应关系图

显示 10%组 SOD 活性水平的提升是抵抗组织脂质过氧化的适应性反应，而 15%组 SOD 活性水平的回落使得脂质过氧化程度急剧升高。

5.4.3　骨骼肌 Hsp70 水平和脂质过氧化程度变化趋势的负相关程度随着训练强度的增加而增加，提示组织中 Hsp70 含量随运动应激强度的增加而增加，并在平台时期，把脂质过氧化增加过程控制在相对和缓的状态，当训练强度突破平台期强度时，就会出现 Hsp70 含量的急剧下降和脂质过氧化水平的突增。

5.4.4　力量训练的方式和安排，使机体的激素生成发生改变，机体内合成代谢与分解代谢的平衡状态向以内合成代谢为主的方向转变，配合自身保护机制（HSP70）的变化相互作用，可能是实现骨骼肌蛋白合成适应的形成与骨骼肌整体适应的重要基石。

6

全文总结

本研究根据运动应激适应的原理，以骨骼肌蛋白合成的适应作为着眼点，以骨骼肌细胞 HSP70 变化为切入点，从机体整体反应，内分泌系统的调节与适应，影响细胞变化的关键蛋白的变化等三个不同层次，系统地对力量训练的效果和机制进行研究。得出如下结论。

6.1 游泳运动员在经过力量训练阶段后，机体肌力明显增长的同时，体重也呈现一种增加趋势，而且这种体重的增长主要是以肌肉重量的增长实现的；动物实验表明，这种增长可能表现在参与训练的主要肌群选择性的肥大上，而且这种肌肉重量的增加不是由其单位蛋白含量增加所造成的。

6.2 适宜力量运动训练能引起机体血清睾酮安静时水平的提升，无论男女性都是如此。动物实验表明，在适宜范围内，血睾酮水平的提升随着强度的增大而变得更明显，但过度的力量训练会造成血睾酮水平的下降；同样，无论是持续性训练还是力量训练都能造成男女性血清 IGF－Ⅰ的上升，但这种变化并不明显，提示 IGF－Ⅰ在运动应激应答的作用没有睾酮大。而过度的力量训练也会造成血清 IGF－Ⅰ水平的下降。

6.3 力量训练也能造成机体血清皮质醇（酮）水平的上升。动物实验表明，过度的力量训练使血清皮质醇（酮）持续处于高水平，C 值变化反应了机体适应程度。

6.4 力量训练使合成代谢与分解代谢激素比值上升，机体内合成代谢与分解代谢的平衡状态向以合成代谢为主的方向转变，而过度的力量训练会使代谢平衡发生向分解代谢为主的方向逆转。

6.5 力量训练使大鼠骨骼肌 HSP70 表达呈升高趋势，且依赖强度的诱导；而且 HSP70 表达有一定的高位平台期。过度力量训练使大鼠骨骼肌 Hsp70 含量显著性下降，其原因还需进一步研究。

6.6 力量造成骨骼肌 MDA 水平的显著性提高，且依赖负荷的诱导，而对 SOD 影响并不明显。并提示：过度力量训练使得骨骼肌脂质过氧化程度急剧升高，抗氧化酶活性的减弱可能是一个重要原因。

6.7 骨骼肌 HSP70 水平和脂质过氧化程度变化趋势存在显著性的负相关，提示：HSP70 抑制骨骼肌的脂质过氧化水平，并在平台时期，把脂质过氧化增加过程控制在相对和缓的状态，当训练强度突破平台期强度时，就会出现 HSP70 含量的急剧下降和脂质过氧化水平的突增。

综上所述，力量训练中骨骼肌产生适应可能的模型结构：力量训练的方式和安排，使机体的激素生成发生改变，机体内合成代谢与分解代谢的平衡状态向以内合成代谢为主的方向转变，配合着肌细胞的专门代谢物和自身保护机制（HSP70）的变化相互作用来实现骨骼肌蛋白合成适应的形成，其中包括结构蛋白和酶蛋白的适应，加上神经肌肉系统的适应在内的骨骼肌其他适应，在整体上就表现出骨骼肌纤维增粗和运动能力（力量）的增强。其关系见图6－1。

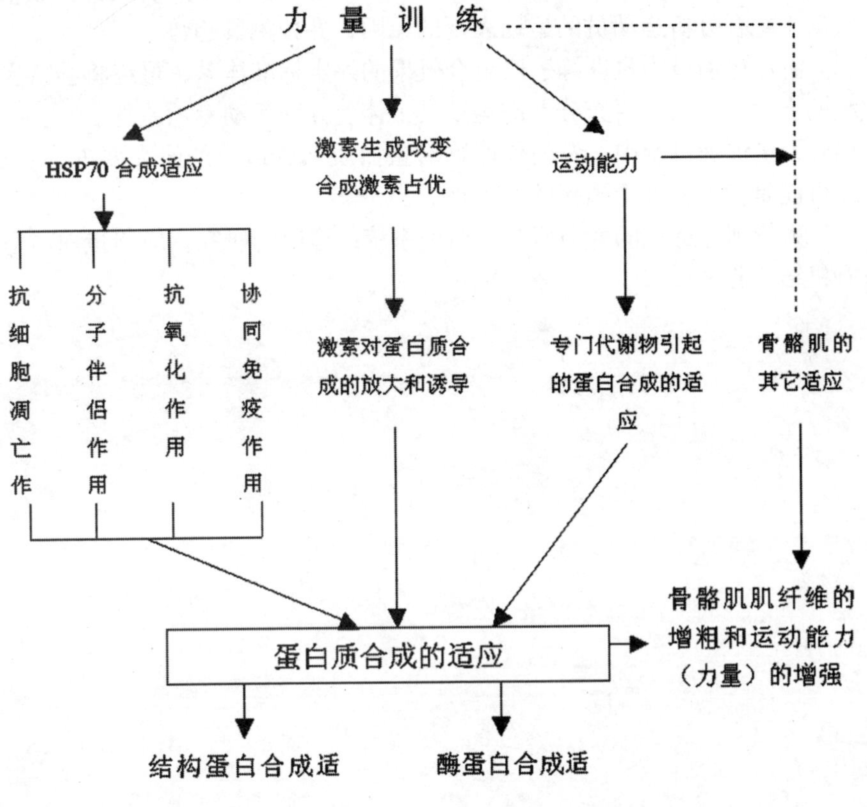

图6－1　力量训练与骨骼肌适应关系图

通过本研究结果，游泳运动员在力量训练过程中，应把日常生理生化指标的检测与运动员运动状况有机的结合起来。由于存在个体差异，有计划有规律地长期对运动员追踪观测才能准确把握运动员的机能状况和训练效果。另外，进一步细分游泳运动员力量训练不同手段应用，研究对运动员机体产生的影响，才能确定各种不同力量训练手段在训练中最佳的比例组合，也才能最终建立游泳运动员力量训练效果的评定标准与评定体系，这也是本文作者下一步研究的主要目标之一。结合本文的研究结果，为下一步的研究提出以下建议。

（1）优秀游泳运动员力量训练有其特殊的规律和安排，下一步的研究要充分考虑并利用这种特殊性，并做好长期对运动员追踪观测和评价工作。

（2）作为机体对运动应激整体反应的主要表现，运动员日常训练的状态如何十分重要。在保持原有生理生化指标定期检测的基础上，增加有关身体成份的测试，有助于综合分析运动员的运动表现的原因，并预测其趋势。

（3）游泳运动员力量训练手段组合效果的评定标准体系，最终将会落实到运动成绩的变化。因而，要充分考虑运动员个体差异和运动专项差异。

（4）力量训练机制中，专门代谢物对蛋白质合成适应的研究要进一步加深，这方面可能是营养补剂干预新的切入点。

（5）力量训练造成的骨骼肌神经肌肉系统的适应的研究，应与蛋白质适应的研究有机结合起来。

文献综述

1 运动应激对 HPG 轴及睾酮的影响和适应

1.1 HPG 轴简介

HPG 轴是下丘脑-垂体-性腺轴的英文缩写简称。下丘脑和垂体之间的联系非常密切，它们一起组成了下丘脑-垂体功能单位。一方面，下丘脑-垂体调节性腺的功能；另一方面，性腺分泌的性激素又能反馈调节下丘脑和垂体的分泌活动。下丘脑、垂体、性腺在功能上密切联系、相互影响、上下统一，成为下丘脑-垂体-性腺轴[1]。男性在不做剧烈运动时，睾丸分泌睾酮受 HPG 轴调控。在女性，雄激素分泌不具有 LH 与性腺之间的反馈调节。卵巢分泌的雄激素一定程度上是通过性激素结合球蛋白（SHBG）的合成量与激素代谢廓清率来调控的[2]。

HPG 轴调节过程作简要说明如下：下丘脑弓状核、腹内侧核、室旁核、室交叉上核及视前核等核团的多肽能神经元中合成促性腺激素释放激素（GnRH），通过轴突终止于正中隆起的毛细血管网，释放 GnRH 进入门脉血管中，在腺垂体与分泌促性腺激素的细胞膜上的 GnRH 受体结合，促进促黄体生成素（LH）和促卵泡激素（FSH）的释放。一般健康的男性在 6~8 小时之间可以有 2~4 次 LH 和 FSH 脉冲释放，然而，LH 释放的量比 FSH 大得多。垂体释放的 LH 和 FSH 直接进入血液，通过血液循环达到睾丸后，LH 与间质细胞上的膜受体结合，促进睾酮的合成与分泌；FSH 则通过诱导 LH/HCG 受体的表达加强 LH 的作用。睾酮浓度过高时反馈抑制垂体 LH 分泌，而睾酮浓度过低时则 LH 的释放增加[1-5]。而且需要特别指出的是，腺垂体分泌的泌乳素在正常浓度范围内提高 LH 在间质细胞的活性[4]。

1.2 运动应激对 HPG 轴下丘脑－垂体系统的影响和适应

1.2.1 急性运动对 HPG 轴下丘脑－垂体系统的影响

目前对急性运动后 HPG 轴变化中下丘脑－垂体水平的研究并不多，而且由于所采用运动方式不同，研究结果相互支持、相互说明的能力较差。从目前的大部分研究来看，无论是抗阻力量练习还是耐力性的运动，都不会引起 LH 的明显变化[6-10]。在耐力性运动方面：Mac Connie et al（1986）[6]研究发现，男性马拉松运动员进行以 72%强度跑步 2 小时的一次性运动后连续 8 自小时，血浆 LH 浓度没有改变。McCool er al（1989）[7]研究也发现，一次性运动（以低于无氧阈 5%的强度跑步 1 小时）后连续观测 6 小时，男性运动员垂体 LH 释放没有明显变化。Slowinska et al（2002）[8]发现，一般大学生运动员在 400m 全力运动后，LH 释放没有明显变化。Ronsen et al（2001）[9]比较同一天内一次高强度耐力性运动与两次高强度耐力性运动差别，验证了两次高强度耐力性运动比一次高强度耐力性运动更能引起内分泌的反应。但两种运动与安静时比较，血浆 LH 和 FSH 浓度却没有明显变化。在抗阻性力量练习方面：Raastad et al（2000）[10]研究了 9 名力量速度型运动员对中等强度和大强度力量力竭训练的激素反应，发现大强度力量训练与中等强度力量训练相比，T 和 C 有更大的急性反应，但 LH 和 FSH 对这两种训练没有反应。

但是随着研究的深入，又有新的发现。Nindl et al（2001）[11]对 10 名健康男性运动员进行一次大运动量力竭性的抗阻力量运动，测试运动后受试者 13 个小时的 LH 的变化，运用重叠合法对 LH 的分泌特性进行分析。结果发现，与对照组相比，运动后，试验组 LH 的半衰期、释放节律、释放间隔和释放的量没有统计学上的差异，但 LH 的生成率明显下降；并认为本研究中当晚睾酮水平下降，与 LH 的生成减少和 C 水平的提高有关。他认为 LH 下降的原因 1）统计学上运用了重叠合法；2）实验中没有提供足够的能量补偿运动中的损耗所导致。Di Luigl L et al（2002）[12]分析了运动应激对男性 LH 分泌质量的影响。对 8 名普通受试者进行了逐级递增的跑台运动后发现，虽然他们的放免法测 LH（ILH）运动前后均无明显变化，但生物测试法测 LH（B－LH）和放免法和生物测试法 LH 比率（B/ILH）运动后较安静时明显下降。另外，Slowinska et al（2002）[8]发现一个有意思的现象，虽然一般大学生运动员在 400m 全力运动后，LH 释放没有明显变化，而 TT，FT 均显著性上升；但是优秀运动员 LH 显著性上升，而 TT，FT 均显著性下降。他认为这是长期无氧能力训练会使性腺功能储备下降所造成的。

从上面的研究结果可见，由于急性运动后 HPG 轴变化中下丘脑－垂体系统的研究并不多，而且研究结果相互支持、相互说明的能力较差，所以目前无法确定其急性运动后的变化情况及机理。LH 释放的量，一方面决定于 GnRH 的刺激，另一方面也决定于雌激素对垂体的反馈作用。支配分泌 GnRH 的神经元的输入受性腺激素的反馈影响，还与内源性儿茶酚胺、多巴胺和内啡肽有关。所以整个 HPG 轴下丘脑－垂体系统调节非常复杂，其机制未完全了解，尚需进一步的研究。

1.2.2 长期训练对 HPG 轴下丘脑－垂体系统的影响和适应

长期训练对 HPG 轴下丘脑－垂体系统的影响和适应，包括垂体 LH 释放的适应性改变和下丘脑 GnRH 释放的适应性改变。

1.2.2.1 长期训练对 LH 影响和适应

多数研究认为，无论耐力性运动训练还是抗阻力量运动训练对 LH 水平无影响，也不影响它的生物活性[13-17]。Hackney et al.（1998）[14]在可控的条件下研究年龄相当的耐力运动员与一般男性的基础性激素的水平，结果表明运动员组与对照组相比，基础 T 和 FT 明显降低，但血清 LH 水平无显著性差异。还有相当的研究发现，长期训练运动量的变化对 LH 水平并无大影响。Rogol et al（1984）[15]进行了 8 小时的采样，发现进行了大运动量训练运动员组与对照组之间的 LH 释放特性没有显著性差异。D.Souza et al（1994）[16]通过对间隔 10 分钟共 60 分钟的血样 LH 和 24 小时尿样 LH 分析，发现大运动量组虽然睾酮明显降低，但与中等运动量组和安静对照组相比，LH 水平无显著性差异。

然而，也有研究表明，长期训练会降低垂体 LH 分泌的脉冲频率和量。Macconnie et al（1986）发现，耐力训练者垂体 LH 分泌的脉冲频率及振幅也会发生变化。McColl et al（1989）也观察到类似的结果。但是 Macconnie 研究发现与对照组相比，耐力训练者垂体 LH 分泌的脉冲频率及振幅尽管下降，而血睾酮却没有变化。所以，这些结果的产生与其说是生理变化的结果，还不如说可能是由于采样程序变化而造成的[17]。

最近的研究发现，虽然长期耐力性运动训练对 LH 水平无影响，但却造成了其生物活性的降低；而且正是这原因导致了运动员组与对照组相比，基础 T 和 FT 明显降低，并认为也许是下丘脑－垂体水平中与运动相关的各种不同激素急性和慢性活动的结果[12]。

1.2.2.2 长期训练对 HPG 轴下丘脑 GnRH 的影响和适应

丘脑 GnRH 合成分泌的变化会造成 HPG 轴功能的改变。Macconnie et al（1986）和 Hackney et al（1990）均研究发现，耐力性训练受试者对外源性 GnRH 激发的垂体 LH 分泌呈延迟反应[17]。国内谢敏豪等（1996）对短跑运动员和普通耐力训练者的研究中发现，经 4 - 5 周训练，GnRH 激发的垂体 LH 分泌反应延迟且峰值下降。这些研究似表明改变的部位是垂体而非下丘脑，说明垂体对下丘脑 GnRH 刺激敏感性的降低。

但是 Kujala et al（1990）、Lehamnn et al（1993）和姜文凯的（1994）GnRH 激发实验都表明，垂体对 GnRH 激发反应是正常的，从而认为长期训练造成了下丘脑功能抑制。由于 GnRH 可直接作用于黄体和睾丸，影响其激素分泌，所以下丘脑功能抑制不仅抑制了垂体的分泌功能，还会直接抑制睾丸的分泌[3]。另外动物实验也发现在长期大运动量的训练下大鼠的下丘脑 GnRH 神经分泌细胞出现功能衰竭的形态学改变。所以，真实的情况也许是长期训练造成了 GnRH 分泌受抑，同时伴随垂体对 GnRH 敏感性的降低。

综上所述，长期训练对 LH 的释放节律、释放间隔和释放的量并无影响，而且，长期训练的运动量的变化对 LH 水平亦无大影响；但长期耐力性运动训练造成 LH 的生物活性下降，对 GnRH 敏感性下降；同时 GnRH 分泌受抑，垂体的分泌功能也受到了抑制。这表明长期训练对 HPG 轴下丘脑 - 垂体系统的影响涉及到多个环节，所以中枢机制也许是导致运动员基础睾酮值下降的主要原因。

1.3 运动应激对睾酮的影响和适应

1.3.1 睾酮的生理学特性

睾酮（Testosterone，T）是体内主要的促合成代谢激素之一，它除了维持男子性功能和副性特征外，还刺激组织摄取氨基酸，促进核酸与蛋白质的合成，促进肌纤维和骨骼生长，刺激促红细胞生成素分泌，增加肌糖原储备，维持雄性攻击意识。

睾酮在男性与女性之间存在着很大的差异[2]：在男子，90%左右由睾丸间质细胞合成分泌，其余部分在肾上腺皮质和其他组织生成。血睾酮变化有一些规律，如：清晨睡眠时高，傍晚时低；秋末冬初较高，春季较低；运动、应急等均可引起明显变化。另有研究表明，约 60%的男性有 8 至 30 天不等的血睾酮浓度变化的周期。在女性，由卵巢的间质细胞和门细胞与肾上腺皮质网状带合成的睾酮约各占总睾酮量的25%，其余的50%主要由雄烯二酮在肝脏、脂肪、皮肤等组织转换而来。女性血中睾酮的水平大约是男子的1/10。卵巢分泌的睾酮量不随月经周期而波动，而肾上腺皮质分泌的睾酮有早晨高、午后低的昼夜节律。

血浆总睾酮包括约占2%的游离睾酮和约占98%的结合睾酮。结合睾酮在血浆中有以下几种形式存在[1]：与性激素结合球蛋白（Sex Hormone Binding Globulin，SHBG）结合、与白蛋白（Albumin，ALB）和与皮质素传递蛋白（Transcprtin，TRA）。与白蛋白结合的睾酮在毛细血管床可以解离被组织摄取，因此，有活性的睾酮应该是游离睾酮以及白蛋白结合的睾酮之和，大约占血睾酮总量的一半。男女还是存在差异：在男性，血浆中约44%的睾酮与SHBG结合，约54%的睾酮与ALB、TRA结合。在女性，约60%的睾酮与SHBG结合，约38%的睾酮与ALB、TRA结合。

1.3.2 急性运动对睾酮的影响

1.3.2.1 持续性运动对睾酮的影响

以往和现在大量文献表明[2,4,6-8,22-24]，在最大和次最大强度持续性运动中，最大强度运动睾酮上升，而这种升高是短暂的，在数小时之内就会恢复到安静时水平；次最大强度运动（>60分钟），T在运动过程中先上升后下降，持续时间越长，下降幅度越大，而恢复时间越长。如中等强度1~2小时的自行车运动或12~14小时内完成一次100km跑，运动后1天即可恢复；而3~4小时完成42.2km跑48小时内仍未恢复[2]。而运动后多久睾酮水平开始出现从升到低的转变呢？原先一般认为在长跑运动员身上，运动开始时使T上升，2个小时的长跑才使其下降。而G.P.Berthon et al（2000）[23]研究长跑运动员参加6小时的接力赛，每人跑的总长度相当于半程马拉松，通过唾液测取睾酮水平，结果男性运动员T在运动30分钟后就开始下降。

1.3.2.2 抗阻力量运动对睾酮的影响

大部分研究表明，在短时间抗阻力量运动中，男性运动员的睾酮升高，而后在数小时之内就会恢复，与最大强度持续性运动情况相像，而且强度越大的运动似更能激发睾酮的反应；而如果延长抗阻力量运动时间，也会出现睾酮先升高后降低的现象[10,22,24-26]。有研究发现，大重量抗阻力运动后可在运动后90~120分钟内血睾酮浓度仍高[27]。女性的情况有所不同，研究表明，在短时间抗阻力量运动中，女性血睾酮没有明显的变化[22,24.26]，但经过抗阻力量运动训练后，其肌肉体积的变化很明显。其中原因：一是对于短时间激素变化对长时间训练适应的机理不明；二是其他合成激素，如 GH，对肌肉肥大的作用不能排除[22]。

综上所述，急性运动首先引起睾酮升高，随运动时间延长会升高到一个峰值，随后下降，如果运动继续，睾酮会明显低于运动前水平。在这转变的过程中，运动持续时间起到了重要的作用。事实上，已有学者指出，在运动内分泌研究中，运动持续时间和运动强度是最重要的两个运动变量[22]。

1.3.2.3 急性运动对睾酮影响的可能机制

运动引起睾酮升高是多因素造成因素：(1) 下丘脑 - 垂体系统的作用：运动可以造成 GnRH 释放增加，直接刺激睾酮释放[14]。运动引起血中 LH 和 FSH 的变化并不确定，因此 LH 似乎不是引起血睾酮升高的原因，但亦有研究显示，急性运动后睾酮的升高可能同 LH 的释放量增多或生物活性增强有关[8,28]。(2) 廓清率下降：Cadoux - hudson et al（1985）实验发现，运动使肝血流量减少，血睾酮在肝脏及肝外的清除率下降导致了运动后血睾酮的升高。但在女子运动员还没有证实[22]。(3) 交感肾上腺系统兴奋。运动时血液中去甲肾上腺素水平明显升高，通过睾丸内分泌细胞上的肾上腺素 β2 受体刺激睾酮生成增加[5,29]。(4) 肾上腺皮质分泌增加：肾上腺皮质睾酮与其分泌皮质醇/皮质酮的特点相似，运动应激下血浆 ATCH、PRL 和血管紧张素Ⅱ的水平增高，肾上腺皮质对这些刺激物反应性增加，分泌性激素功能加强。而在女性肾上腺皮质分泌的睾酮占 25%，这就是说，运动引起升高的血睾酮中，有一部分应该是肾上腺皮质分泌而来的[30]。(5) 血液中乳酸浓度上高。Lu et al（1997）[31]发现，乳酸可以刺激离体大鼠睾丸间质细胞分泌睾酮，而在大鼠身上注射乳酸，则会使其睾酮水平升高，而且看起来又与运动造成的升高很相像。其机理是乳酸刺激睾丸间质细胞 CAMP 增多。还有研究表明，运动可引起血液浓缩与运动促使雄烯二酮转变为睾酮也是出现睾酮升高的重要原因，但也不乏证明运动性血睾酮升高与此无关的研究[2]。

1.3.3 长期训练对睾酮的影响和适应

1.3.3.1 长期耐力性运动训练对睾酮的影响和适应

长期运动会造成男女运动员安静时血睾的降低，而且一些追踪研究发现长期耐力性运动会使其睾酮水平变得更低[5-7,14-17,22]。如研究表明，大训练量长跑运动员的血清 TT 和 FT 都明显低于安静组和中等训练量组，虽然没有低于正常范围，但已处于亚临床状态。这应该引起注意，因为中等训练量组没有出现这种情况[17]。而这种改变的生理学后果还要进一步观察。如有学者认为，性激素的低水平对保护心脏有好处，可以减少发生冠心病的可能性[14]。

1.3.3.2 长期抗阻力量运动训练对睾酮的影响和适应

抗阻力量运动可造成男女肌力的显著增长和肌肉体积的显著增大。肌力早期的增长被认为是由于神经适应和协同功能改善，而肌力后期的增长则是因为肌纤维的肥大。合成代谢激素刺激肌肉蛋白合成，因而在肌纤维肥大上起重要作用。因此，肌肉体积的增长是激素对训练的适应的结果，这种看法似乎是合乎逻辑的。

男性进行适宜抗阻力量运动训练似能引起睾酮安静时水平的提升[24,32,62]。Kraemer et al（1999）[62]对青年男性（30yrs）和老年男性（60yrs）进行为期 10 周的大运动量抗阻力量训练发现，青年男性安静时总血睾水平有上升趋势，而游离血睾则明显上升。虽然大运动量的抗阻力量运动训练也会造成血睾水平下降，但即使是大强度的抗阻力量训练造成的过度训练，安静时及运动后包括睾酮在内的垂体、肾上腺和性腺的激素水平只是受到中等强度的影响，与耐力性运动训练造成的过度训练不同[24]。女性的情况似有所不同，女性的睾酮水平与其通过训练而增长的肌肉力量相关，而女性睾酮水平的个体差异很大，也许会影响个体的运动能力。虽然睾酮的水平也许会影响运动的适应，但肌肉力量和肌肉体积并不总是与睾酮增加的水平相一致的。Hakkinen et al（1992）[33]研究发现，经过 3 周大强度力量练习，睾酮水平没有改变，而受试者肌肉力量和肌肉横截面积有明显提高。他认为其研究支持了肌力早期的增长是由于神经适应和协同功能改善的理论。Marx et al（2001）[34]也认同这理论，他通过对年轻女性进行 6 月的抗阻力量运动训练，发现后 3 月的肌力增长迅速，而且 6 月后睾酮水平与低运动量的受试者相比显著性提高。他们认为原先研究结果的不一致是训练时间太短，而不足以看到睾酮的变化。

长期抗阻力量运动训练如何造成睾酮水平的提高，其机理尚不明了，还需要进一步的研究。

美国运动医学学院曾推荐锻炼者使用耐力性练习和抗阻力量练习相结合的训练方法，很多运动项目也是包括耐力性和抗阻力量运动两部分的。但是，有很多研究表明，耐力性练习和抗阻力量练习相结合的训练方法不利于肌力的增长。研究发现，交替训练造成皮质醇水平的大幅度提高；而合成代谢激素，如睾酮，没有变化或变化很小。这也许就是造成交替训练组的受试者与单纯的耐力性练习或抗阻力量练习组受试者相比，肌肉力量和肌肉形态变化都不明显的原因[22]。由于关于交替训练的很多研究所采用运动量明显过大，因此，这个问题还需要进一步研究。

综上所述，长期耐力性运动训练会造成男女运动员安静时血睾的降低，而这种改变的生理学后果还要进一步观察；适宜长期抗阻力量运动训练造成安静时睾酮水平的提高，机理尚需要进一步的研究。

1.3.3.3 长期训练造成低睾酮可能的机制

1.3.3.3.1 睾酮受抑的外周和中枢机制

1. 外周机制：(1) 睾丸间质细胞合成睾酮能力受抑。从目前的研究结果来看，睾丸合成睾酮被抑制的机制既发生在 LH 受体水平，也发生在睾酮合成的生化反应过程中[29,35-36]。尤同建等（1997）[35]发现在训练未引起大鼠血清 LH 和 FSH 水平变化的情况下，睾丸间质细胞 LH/GH 受体对 LH 的亲和力降低，从而影响睾酮的合成。武桂新（2000）[36]对大鼠进行 5 周不同强度的训练，发现训练中睾酮合成过程中的酶活性明显下降，并且 P450scc 活性的下降是训练中睾酮合成过程的主要障碍。另外，谢敏豪（1997）[29]在他的研究中还提出：睾丸间质细胞肾上腺能 β2 受体数量和/或亲和力的降低可能也是运动性低血睾的主要原因之一。(2) 肝脏清除率和自身代谢速度的提高。现在已有的结果只证明肝脏清处率在短时间运功中起到作用，所以还要进一步研究[17]。另外，肝外靶细胞，特别是骨骼肌消耗睾酮增多及靶细胞受体消耗量过大也可能是原因之一。

2. 中枢机制：详见“长期训练对 HPG 轴下丘脑 - 垂体系统的影响和适应”。

1.3.3.3.2 睾酮受抑的其他潜在原因

1. 肾上腺因素：肾上腺的过度激活被认为会对性腺轴产生抑制效应。如糖皮质激素升高抑制睾丸间质细胞 LH/GH 受体活性而减少睾酮生成，运动造成的 C 和 ATCH 升高直接和间接的抑制 GNRH 神经原的活性以减少 LH 释放，甚至 C 浓度的增加就可以抑制睾酮的水平[37-38]。然而，也有很多研究观察到长时间大运动量训练导致的肾上腺皮质激素的变化并非与性激素的变化呈相反趋势，而往往是不变或降低[13-14,17]。

2. 泌乳素因素：垂体前叶产生的泌乳素在正常水平，可以增强 LH 对间质细胞的作用，过高或过低可能会改变 LH 驱动的睾酮合成[1,3]。一般认为，长期大运动量训练会造成泌乳素降低，从而导致下丘脑或垂体的分泌衰竭[39]。然而近来研究表明，大运动量训练并不改变泌乳素水平[14,17]。

3. 神经内分泌因素：有数种神经肽可以起到刺激或抑制 GnRH 和性腺分泌的作用，从而调节下丘脑 - 垂体轴。一般认为，多巴胺和内啡肽是最有可能改变男性长跑运动员 HPG 轴功能的两种神经递质。运动中多巴胺增加，主要是通过抑制泌乳素的分泌来对 HPG 轴起到抑制作用[3,17]。然而就像上面提到的，大运动量训练并不改变泌乳素水平。内啡肽，特别是β-内啡肽能起到抑制下丘脑GnRH释放，研究表明，内啡肽也许是通过长期抑制LH的活动来改变男性长跑运动员HPG轴功能[40]。

4. 食物摄取和能量平衡：饥饿和营养不良会导致性腺萎缩和不育。这提示我们要注意长跑运动员摄入足够的食物以应付能量消耗，达到总体的能量平衡。这不是说长期耐力性运动员处于低营养水平，而是说由于运动量增加等因素，运动员能量的摄取不足以弥补能量的消耗，从而使机体处于一种能量不足状态[17]。

另外，诸如神经性厌食等饮食紊乱常常会造成男女运动员性激素的变化，或许睾酮浓度的变化是由能量平衡改变所致的起始生理适应。Cumming et al (1994)[41]认为机体的能量不足状态会使生殖功能下降以便减少能量的消耗。有研究发现，摔跤运动员的血睾水平在训练期明显低于非训练期，而训练期过程中低血睾水平同时也伴随体脂百分比的降低；而非训练期体脂增加的同时，睾酮水平也恢复了[17]。J. Volek et al（1997）[42]发现饮食营养有调节安静时血睾的功能。所以Cumming的设想虽然是推论，但可能性很大。

已有实验表明，与体重的变化无关，单纯的禁食就会造成生殖功能的受抑。Helmreich et al（1992）[43]发现，少吃一餐后会造成LH分泌的4个小时延迟。Williams et al (1995)[44]发现有氧运动应激造成的机体低能量会使女运动员LH释放频率减慢。Nindl et al（2001）[11]对10名健康男性运动员进行一次大运动量力竭性的抗阻力量运动，测试运动后受试者13个小时的LH的变化。结果发现，与对照组相比，运动后，试验组LH的生成率明显下降。他认为LH下降的原因之一是实验中没有提供足够的能量补偿运动中的损耗所致。这些结果提示，生理应激的标志，或是营养不足或是体重减轻，才是HPG轴受抑的关键因素。

另外，长期训练可能会使运动员体内某些微量元素，如锌和硒的缺乏，可使睾丸合成、分泌睾酮的功能抑制或损害，引起血清睾酮和睾丸睾酮含量明显下降，而对下丘脑-垂体环节影响不大[39]。

总的说来，这些研究结果提示，在能量摄入不足的早期会出现一定的代谢标志，而机体也许会进入一种能量动员和（或）能量保存的状态。也许在长期训练状态中，大运动量训练与能量摄入不足共同作用，使这些代谢标志一起扩大，因而造成激素的变化。

2 运动应激对 HPA 轴的影响和适应

2.1 HPA 轴简介

HPA 轴是下丘脑－垂体－肾上腺皮质轴的英文缩写简称。与 HPG 轴相似，HPA 轴也是通过下丘脑的正常机能活动影响垂体的功能，肾上腺皮质激素的分泌受下丘脑和垂体分泌激素的调节，同时也作用于下丘脑和垂体进行反馈调节。下丘脑和垂体和肾上腺皮质组成一个密切联系协调统一的功能活动轴，从而维持血中糖皮质激素浓度的相对稳定和在不同状态下的适应性变化。

下丘脑分泌促肾上腺皮质激素释放激素（CRH）的神经元主要分布在下丘脑室旁核，其轴突多投射到正中隆起。下丘脑的 CRH 以脉冲式释放，并出现昼夜周期节律，其释放量在 6－8 点钟达到高峰，这与促肾上腺皮质激素（ATCH）与皮质醇的分泌同步。CRH 与腺垂体 ATCH 细胞的膜上 CRH 受体结合通过增加细胞内 cAMP 与 Ca2＋促进 ACTH 的释放。ATCH 与肾上腺皮质的束状带和网状带的受体结合，促进糖皮质激素（主要为皮质醇）的合成和释放。ATCH 在 CRH 的控制下，分泌呈现节律波动；同时也受到糖皮质激素的反馈调节。当血中糖皮质激素浓度升高时，可使腺垂体释放 ATCH 减少，ATCH 的合成也受到抑制，同时腺垂体对 CRH 的反应性减弱。机体遇到包括运动在内的应激刺激，作用于神经系统不同部位，最后将信息汇集于下丘脑 CRH 神经元，然后通过 CRH 引起垂体－肾上腺皮质系统反应[1,3]。需要指出的是，主要由下丘脑视上核和室旁核分泌的人升压素（AVP）对 HPA 轴活动的影响也很大。一般认为 AVP 作用于 ATCH 分泌的早期，在正常时对 ATCH 的分泌仅起很小的作用，但在出血等紧张情况下，释放大量的 CRH 和 AVP，AVP 增强 CRH 的效应。近来的研究还表明，AVP 还可以经血液循环到达肾上腺，直接刺激肾上腺皮质激素合成和分泌糖皮质激素[79]。

2.2 运动对 HPA 轴下丘脑－垂体系统的影响和适应

2.2.1 急性运动对 HPA 轴下丘脑－垂体系统的影响

一般认为，运动造成要造成 ATCH 浓度的上升，需要达到一定的强度阈值和时间阈值[10,45-47]。强度阈值激发了激素反应速度，最少应为60%－70%HRmax；时间阈值决定了激素释放的总量[45]。Schmartz et al（1990）[46]对12名普通受试者分别进行了有氧的逐级递增负荷实验和1分钟蹬功率车的无氧供能实验，结果发现有氧实验中ATCH的变化不明显；而无氧实验后，ATCH出现显著性变化，其浓度值是有氧实验的两倍。他认为当运动强度高于这个阈值，细胞动态平衡的改变（无氧代谢产物的堆积）会被骨骼集中外周化学感受器所察觉，这反过来刺激了ATCH的生成。M.Duclos et al（1997）[47]发现，跑步运动的强度低于强度阈值时，20分钟和2小时的运动都不能引起血浆C和ATCH浓度的明显变化；强度高于强度阈值时，20分钟运动也没有引起明显变化，而2小时运动造成了C和ATCH浓度的显著性增高，从而支持了时间阈值的假说。Raastad et al（2000）[10]研究了9名力量速度型运动员对同等时间中等强度和大强度力量力竭运动的激素反应，发现大强度力量训练与中等强度力量训练相比，ATCH升高更明显。表明激发的反应速度越快，在单位时间内量就越多。

2.2.2 长期训练对HPA轴下丘脑－垂体系统的影响

2.2.2.1 长期训练对垂体ATCH的影响和适应

多数研究表明，长期训练可以降低HPA轴对一次性急性运动的反应，并且还可以造成HPA轴功能的适应性变化[47-50]。Witter et al（1996）[48]通过对高运动量训练的男子超长马拉松运动员和健康男性对照组进行了研究发现，高运动量的训练可以提高安静时ATCH水平，却造成运动后C应答的减弱。并认为这种适应性变化有助于防止高皮质醇症出现，而高皮质醇实际上反映了HPA轴对运动的不适应。而Kraemer et al（1999）[62]对青年男性（30yrs）和老年男性（60yrs）进行为期10周的大运动量抗阻力量训练发现，青年和老年男性安静时ATCH水平没有明显变化。人体实验表明，长期训练可造成HPA轴反应的迟滞。Luger et al（1987）[38]发现，在长期训练个体中注射CRH引发的ATCH应答减弱。Duclos et al（1997）[47]对成年男性研究表明，12周的训练可造成ATCH对急速运动反应下降，这与Snegovskaya et al（1993）[49]研究结果一致，他认为这是因为肾上腺对ATCH的敏感性降低和（或）HPA轴对C的负反馈敏感性降低所致。Kraemer et al（1999）[62]发现抗阻力量训练也会出现同样的现象。动物实验也表明，对于急性运动，中等强度训练使大鼠减少血液中ATCH和C的升高幅度，大训练则没有出现这种情况。

2.2.2.2 长期训练对下丘脑 CRH 的影响和适应

关于长期训练对下丘脑 CRH 影响的研究报道并不多见，且绝大多数为动物实验。一般认为，长期训练会造成 CRH 释放的增加[50-51]。Perhonen et al (1995)[51]对大鼠研究发现，大强度训练造成 CRH 水平的明显提高。Chennaoui et al (2002)[50]研究中等强度训练和高强度训练对大鼠 HPA 轴的影响，发现中等强度训练使大鼠在急性运动时减少血液中 ATCH 和 C 的升高幅度，大训练则没有出现这种情况，但两个运动组 CRH 均明显升高。长期运动使 CRH 释放增加的机理并不很明了，一般认为主要是中枢神经递质作用的结果。5－HT 可增加 CRH 释放。如 Calogero et al (1989)[52]发现，运用 5－HT 激动剂可以同时提高下丘脑 CRH 的释放。Chennaoui et al (2000)[53]发现，大强度运动可造成大鼠黑质－纹体中 5－HT1B 受体脱敏，从而消除了对 5－HT 和其他神经介质的释放的控制，造成 CRH 释放增加；NE 对 CRH 和 ATCH 的分泌有抑制作用。Piacentini et al (2002)[54]研究发现，运动员服用 NE 再摄取抑制剂（NARI）reboxetine（REM）可提高安静时 ATCH 水平，他认为这是由于 REM 使突触前 α－2 受体脱敏的结果，而力竭性运动使服用 NARI 组的 ATCH 更高，因而反推出运动通过使突触前 α－2 受体脱敏而抑制 NE 的作用，增加 CRH 和 ATCH 分泌的结论；近年来的研究表明，阿片肽，特别是 β－内啡肽对 CRH 和 ATCH 的调节有重要影响[40]，但目前长期训练对阿片肽的影响并不多见。另外一个主要原因可能是大运动量训练减弱下丘脑－垂体轴对 C 反馈的敏感性所造成。有研究表明，长期运动刺激造成海马区神经元受损，使海马对应激状态下 HPA 轴的抑制作用减弱，也许是造成大运动量训练减弱下丘脑－垂体轴对 C 反馈的敏感性主要原因之一[55]。

综上所述，长期训练造成安静时 CRH 的增加，但 ATCH 的变化尚无定论，却造成运动后 C 应答的减弱，这种适应性变化有助于防止高皮质醇症出现，而高皮质醇实际上应反映了 HPA 轴对运动的不适应。这种长期训练降低 HPA 轴对一次性急性运动反应的机理并不清楚。而长期运动使 CRH 释放增加的机理，可能与中枢神经递质相互作用以及大运动量训练下丘脑－垂体轴对 C 反馈敏感性的减弱有关。

2.3 运动应激对皮质醇的影响与适应

皮质醇（Cortisol，C）的生物学作用主要是参加物质代谢，维持体内糖代谢的正常进行，保持血糖浓度的相对稳定；同时，促进肝外组织蛋白质的分解，抑制氨基酸进入肝外组织，使血中氨基酸含量上升，加强糖异生；另外，促使四肢的脂肪组织分解进行氧化。包括运动在内的多种应激都可使皮质醇升高，由于皮质醇可通过分解蛋白实现糖异生，提高血糖水平，所以C升高被认为是分解代谢阶段标志。

皮质醇进入血液后，75%～80%与血中皮质醇类固醇结合球蛋白（CBG）或称为皮质激素运载蛋白结合，15%与血浆白蛋白结合，5%～10%的皮质醇是游离的。结合型与游离型皮质醇可以互相转化，维持动态平衡。游离的皮质醇能进入靶细胞发挥其作用[1]。

2.3.1 急性运动对皮质醇的影响

2.3.1.1 耐力性运动对皮质醇的影响

多数研究表明短时间耐力性运动会使C水平升高，这种升高与运动的强度和持续时间有关，即需要达到一定的强度阈值和时间阈值[38,45,56]。一般认为，当运动强度达到60%～70%HRmax以上时，血浆C浓度与HRmax的百分比成线性关系[38]。时间很短的高强度运动，皮质醇往往在运动后5～15分钟内才达到高峰。而长时间的运动对C的影响并没有很一致的研究结果，有以下五种类型：（1）运动起始阶段升高，持续20～30分钟后回到或低于基础水平；（2）运动过程中前30分钟形成第一个高峰，随后下降，在运动结束时又形成一个高峰；（3）在整个运动过程只形成一个高峰；（4）运动过程中前20～60分钟基本不变或略有下降，后一个小时内突然上升；（5）在整个运动过程中下降。一般认为，2小时的持续运动后，皮质醇水平会明显升高[45,56]。而在长时间运动接近力竭时，机体糖原消耗很大，大量蛋白质分解为氨基酸进行糖异生，此时下丘脑－垂体－肾上腺轴受到抑制，肾上腺皮质激素耗竭，使血皮质醇水平降低，运动能力下降。

一般来说即使是负荷较大运动，运动后24小时之内也能恢复安静时水平[23,57-58]。Johansson et al（1990）[57]研究5名优秀男子定向越野比赛运动员在比赛期间和赛后甾类激素的变化发现，运动员跑时的血清皮质醇明显增加，运动后24小时恢复到正常水平。Fellmann et al（1989）[58]调查了9名男子中长跑运动员24小时耐力跑后的72小时恢复期的体液调节，结果发现恢复期间第1天皮质醇就恢复到基值水平。而且男性和女性似没有太大区别，G.P.Berthon et al（2000）[23]研究男女长跑运动员参加6小时的接力赛，每人跑的总长度相当于半程马拉松，结果发现运动过程中，他们的C水平达到基础值的1.5倍，运动当天晚上还是高水平，而第二天白天，即24小时后都已恢复或低于正常值。

2.3.1.2 抗阻力量运动对皮质醇的影响

高强度抗阻力量运动会造成皮质醇的大幅度上升，与短时间耐力性运动一样，这种升高也与强度阈值和时间阈值有关[10-11,59,62]。Nindl et al（2001）[11]对10名健康男性运动员进行一次大运动量力竭性的抗阻力量运动，结果发现C在运动后头2~3小时内的一直高水平，随后缓慢回落，13小时后基本达到正常值。Raastad et al（2000）[10]的研究表明，发现大强度抗阻力量运动比中等强度抗阻力量运动更能激发皮质醇和ATCH的反应。而当抗阻力量运动不能达到一定的强度阈值时，似不足以引起皮质醇的变化，但应考虑受试者的年龄和机能情况。Pullinen T et al（2002）[59]研究发现各6名成年男性、女性均进行40%1RM强度的5组膝关节伸展运动力竭。结果发现运动过程中男性组和女性组的C变化不明显。

总的说来，无论是抗阻力量运动还是耐力性运动，皮质醇的变化均与运动是否达到一定的强度阈值和时间阈值有关。当运动达到阈值时，促肾上腺皮质激素立即增加，促进皮质醇的合成和释放。随运动强度的加大，血中ACTH浓度上升，血浆皮质醇浓度也上升，用以调节机体对外界刺激的适应能力。另外，心理状态、机体缺氧和血糖的下降也都能引发ATCH和皮质醇的升高[45]。

2.3.2 长期训练对皮质醇的影响和适应

2.3.3.1 长期耐力性运动训练对皮质醇的影响和适应

在长期耐力性运动训练过程中，安静时血皮质醇的变化没有获得一致的研究结果，有的升高，有的降低，还有的不变，这主要与运动负荷的安排有关[47-48,50,60-61]。Houmard et al（1990）[60]研究发现，进行正常训练的男子长跑运动员安静时的总酮水平较低，皮质醇水平较高，安静时的睾酮和皮质醇值对减量训练不敏感。Tegelman et al（1990）[61]研究了瑞典国家男女滑雪队各10名运动员和同龄未受过训练的控制组受试者（15男，13女）非赛季期间的激素水平变化。发现运动员组未见任何过度训练的症状。男子运动员组与控制组之间的激素变量无明显差异，女子运动员组的皮质醇水平明显高于对照组。Witter et al（1996）[48]和Duclos et al（1997）[47]的研究都表明长期耐力性训练对于安静时皮质醇的影响很小。动物实验方面，Chennaoui et al（2002）[50]研究中等强度训练和高强度训练对大鼠HPA轴的影响，发现两种强度训练下大鼠安静时皮质醇含量没有显著变化，

前面已经论述，长期应激会削弱下丘脑－垂体－肾上腺轴的反应，主要体现

在于肾上腺皮质对 ACTH 的反应性降低，即皮质醇释放阈值的提高[45-50]。研究表明，长期训练使得运动员的肾上腺皮质肥大，并伴随有线粒体的增多和内织网活性的增强，而线粒体和内织网正是糖皮质激素的主要合成部位。Witter et al (1996)[48]认为这种适应性变化有助于防止高皮质醇症出现，而高皮质醇实际上应反映了 HPA 轴对运动的不适应。Viru（1992）[45]这种变化是肾上腺皮质机能加强的体现，有利于满足非正常活动对内分泌系统的需要。

肾上腺皮质对 ACTH 的反应性降低的机制可能包括受体前中后的机制：1）前阿片受体黑素细胞增多过程的变化，也许会改变 ATCH 的生物活性和/或清除率；2）受体调节能力降低，而这主要是受体磷酸化造成；3）运动训练者的长期血容量过大会导致心钠素分泌过度，造成束状带对 ATCH 敏感性下降[47]。

2.3.3.2 长期抗阻力量运动训练对皮质醇的影响和适应

研究发现，长期抗阻力量运动造成皮质醇的下降或是不变[24,32-34,62]。Mero et al（1990）[32]研究了男少年运动员 1 年训练期间血清激素和运动能力的变化，发现与对照组相比，受试者的速度、速度－力量和无氧能力明显增大，血睾升高，但皮质醇没有明显变化。A.C.Fry et al（1998）[24]研究发现，两周的抗阻力量运动训练造成安静时皮质醇水平降低，并且在抗阻力量训练造成的过度训练中，皮质醇却没有出现像耐力性运动造成过度训练中的升高现象。Kraemer et al (1999)[62]对青年男性（30yrs）和老年男性（60yrs）进行为期 10 周的大运动量抗阻力量训练发现，青年男性安静时 C 无变化，老年男性安静时 C 水平与训练前相比明显下降。女性的情况也是如此，Hakkinen et al 和 Marx et al 的研究都表明长期抗阻力量运动造成女性肌力的明显增长，但对皮质醇的影响并不明显[33-34]。

目前，由于相关的研究较少，所以对于皮质醇对于长期抗阻力量运动训练的适应和可能的机制还不清楚，需要进一步研究。

3 运动应激对 GRH－SS/hGH－IGF 轴的影响和适应

3.1 GRH－SS/hGH－IGF 轴简介

人的生长激素（hGH）是腺垂体含量最为丰富的一种蛋白激素，对许多组织的代谢有调节作用，但它没有专门的靶腺和靶细胞，其促生长作用主要是通过诱导肝脏产生的生长介素（SM），又称胰岛素样生长因子（IGF）的介导。垂体 GH 分泌受下丘脑生长激素释放激素（GRH）和生长抑素（SS，也称 GIH）的双重调节及 GH 与 IGF－I 的反馈调节。所以，和其他腺垂体激素一样，hGH 的功能与分泌调节也形成 GRH－SS/hGH－IGF 轴。

GRH－SS/hGH－IGF 轴应该看作一种复杂的前馈与反馈的动态控制系统，GRH 和 SS 的作用是前馈控制，GH 和 IGF－I 反作用于垂体 GH 分泌细胞抑制其分泌活动是反馈调节，两种控制系统都有许多影响因素。

GRH 主要是由下丘脑弓状核及腹内侧核分泌的促生长激素，它是腺垂体分泌 hGH 最主要的生理刺激物。GRH 与 GH 细胞的 GRH 受体结合后，通过增加 GH 基因的转录来增加 GH 的合成。GRH 呈脉冲式释放，从而导致腺垂体的 GH 分泌也呈脉冲式。糖皮质激素对 GRH 受体有上调作用，GRH 对自身受体有下调作用。反复或连续给予 GRH 刺激后，GH 细胞对 GRH 的反应会减弱；SS 能使 GH 细胞恢复致敏，增强 GRH 受体的作用。

SS 主要由下丘脑视旁核分泌。它的主要作用是抑制 GH 的基础分泌，也抑制腺垂体对包括运动在内的多种刺激所引起的 GH 分泌反应。SS 与腺垂体 GH 细胞的膜受体结合后，通过减少细胞内 cAMP 与 Ca2＋而发挥作用。下丘脑 SS 的表达主要受 GH 和 IGF－I 的负反馈调节。雄激素和雌激素对 SS 基因的转录有兴奋作用，一些神经递质如 NE 则抑制 SS 基因的转录。

GH 分泌水平是 GRH 和 SS 相互拮抗与平衡的结果。在下丘脑内，SS 与 GRH 神经元之间有突触相互联系并投射到共同的神经调节同路。GRH 对 SS 基因转录和 SS 的释放有兴奋作用；而 SS 可直接抑制下丘脑释放 GRH，也可通过超短环反馈抑制本身神经元，同时兴奋 GRH 神经元。因此，研究 GRH 对垂体 GH 分泌的作用时必须考虑它们之间复杂的相互作用。例如，研究 GRH 对垂体 GH 分泌的作用时，应该考虑 GRH 同时也引起视旁核 SS 系统的活动对抗 CRH 的效应。

在 GH 分泌的反馈调节中，有短环反馈、超短环反馈和长环反馈机制在下丘脑和垂体水平上进行着自动调节。GH 脉冲分泌中，自发的 GH 高峰可能是通过超短环反馈启动了下丘脑 SS 的释放从而产生 GH 低谷。GH 可以直接作用于垂体 GH 细胞上 GH 受体，抑制 GH 的分泌和合成。肝脏等组织产生的 IGF－I 可刺激下丘脑释放 SS 而抑制 GH 分泌，还可以直接抑制 GRH 兴奋的垂体 GH 分泌作用[63]。

3.2 运动应激对 GH 的影响与适应

3.2.1 hGH 生理特性简介

hGH 是垂体前叶嗜酸性细胞分泌的多肽激素，人体垂体约含 5 - 10mg，成年男子每天产生 0.4 ~ 1mg，青少年和女性略高于此数。GH 分泌呈脉冲释放，具有明显的昼夜节律性变化。正常青壮年血清 GH 浓度为 2 ~ 4ng/ml，青少年和女性约为其的 2 倍[39]。血循环中 GH 受体结合后主要在三方面发挥作用：1）上行调节其受体和结合蛋白；2）增加细胞对生长因子的反应性；3）启动生长因子及其结合蛋白的转录。一般认为，IGF 特别是 IGF - 1 是 GH 发挥合成作用的介质，但有研究认为，GH 也可以在靶组织上直接发挥合成作用[64]。

3.2.2 急性运动对 GH 分泌的影响

3.2.2.1 持续性运动对 GH 分泌的影响

急性持续性运动可刺激 GH 的释放，其释放水平运动的强度和和持续时间有关，且无论男女[22,65 - 69]。一般研究认为，运动只有持续 10 分钟以上才能引起 GH 反应。但 Stokes et al（2002）[65]最近研究发现 30 秒的全力蹬骑功率车后即刻 GH 显著增加，运动后 30 分钟左右达到峰值，60 分钟后仍处于较高水平；早期研究认为，乳酸和缺氧是在运动中刺激 GH 释放的因素，所以 50 ~ 60% 的 VO_2max 或是乳酸阈的运动强度为 GH 释放的临界阈值。但这种观点近来受到质疑，首先有研究发现，在机体中注射乳酸不能引发 GH 的反应。而 Pritalaff et al[66 - 68]的系列研究发现，五种不同强度 30 分钟跑台运动均引起 GH 分泌反应，低于个体乳酸阈的运动也可造成 GH 的显著升高。从而得出结论，认为青年成年人对运动的 GH 分泌反应是一种随运动强度变化的线性负荷反应模式，而女性的 GH 分泌反应比男性的大。所以，运动强度和持续时间对 GH 释放的影响是互相交织的，在确定某一因素的阈值时，不能忽略另一因素的影响。

长时间运动会造成血浆 GH 先升高后减低的过程。Nguyen et al（1998）[69]的研究很好的证明这一点：通过研究对 25 名健康运动员进行三种不同持续时间不同方式的运动：递增负荷功率车（ICE 组）、长距离滑冰（NSR 组）和跑台模拟足球比赛（TSG 组），时间为别为 20 分钟、3 小时，2 × 45 分钟（中间有 15 分钟休息）。结果发现：运动后即刻，ICE 组的 GH 较安静时的基础值增长 15.2 倍，

NSR 组增长 2.9 倍，TSG 组增长 4.6 倍。可以推测时间更长的运动，血浆的 GH 水平将降至或低于基础值。

3.2.2.2 抗阻力量运动对 GH 分泌的影响

已有的研究表明大强度抗阻性运动能提高男女 GH 水平，这种提高与运动的强度有关，并可能随年纪的增长而减弱[22]。而急性大运动量抗阻力量运动会短暂影响机体当天整夜 GH 脉冲释放，这种影响与生物活性有联系。Nindle et al (2001)[70]的研究发现，急性大运动量抗阻性运动后，运用三种不同的免疫测定法测定随后 13 个小时 GH 的浓度变化情况：Nichols IRM、ANIDDK RIA 和 DSL IFA。结果表明，运动后最大 GH 值低于对照情况；用 Nichols IRM 和 DSL IFA 测定，运动状态下平均脉冲广度亦低于对照状态；运动后 GH 释放模式发生改变，表现为睡眠的前半段 GH 浓度降低，后半段浓度升高。并认为该研究发现运动后 GH 释放模式改变与 Kern et al 研究的在低强度和中等强度有氧运动后 GH 释放模式改变相似，因而得出结论：1）有足够运动强度和持续时间的白天运动能短暂影响机体整夜 GH 脉冲释放模式；2）无论是有氧运动还是抗阻力量运动，这种影响是相似的。

3.2.2.3 急性运动中对 GH 分泌影响的因素

一般认为，急性运动造成 GH 分泌的增加主要是由于以下三个因素：1）运动中对能量的需要刺激 GH 释放，所以血浆中高血糖和有利脂肪酸水平会抑制 GH 释放；2）运动中对氧的需要，耗氧量大于供氧量可有效的刺激 GH 的释放；3）运动中机体温度的提高。已有研究表明运动中防止了体温升高，GH 释放就会受阻[64]。

另外，运动时体内激素和神经递质的活动也能影响 GH 的分泌。Weltman et al (2000)[71]最近的研究检查了短时间运动后男性运动员交感神经功能与随后 GH 变化的关系，结果表明，肾上腺素（E）和去甲肾上腺素（NE）会促成 GH 峰值的形成。Pritalaff et al（2000)[67]也支持了这一点。GH 的释放可能还受到 β－内啡肽的影响，大强度运动中 β－内啡肽释放到血液也许会启动生长激素释放抑制激素（SS）对 GH 的抑制作用。

3.2.3 长期训练对 GH 分泌的影响与适应

3.2.3.1 长期耐力性训练对 GH 分泌的影响与适应

目前普遍认为，长期耐力训练会增加女性安静时 GH 水平，并认为这种增加主要是为了维持或增加受体重，促进体内的脂肪分解供能[22,64]。而对男性长期耐力训练对 GH 分泌的影响的研究不多，曾凡星（2000）[39]研究发现，以耐力性训练为主的我国优秀男子田径运动员和足球运动员血清 GH 安静值显著低于普通健康男子，其机理不明。需要指出的是，因为 GH 释放有脉冲节律，研究运动训练前后单次血浆 GH 的浓度并不能完全反映 GH 的适应性变化，所以现在研究更多的关注长期耐力性训练对 IGF－I 的影响。

3.2.3.2 长期抗阻力量训练对 GH 分泌的影响与适应

大部分的研究发现，长期抗阻力量训练对男女性安静时 GH 水平几乎无影响，而且在各年龄段都是如此[22,24,62,72]。Fry et al（1998）[24]研究发现，青年男性运动员每日进行 1RM 大强度的抗阻性训练，对照组每周进行一次 50%1RM 强度的抗阻性训练，2 周之后，两组的 GH 安静值均无显著性变化。Kraemer et al（1999）[62]通过对青年男性（30yrs）和老年男性（60yrs）进行为期 10 周的大运动量抗阻力量训练发现，虽然 2 组的蹲起力量和股四头肌横截面积均明显增加，但 2 组的 GH 安静值较训练前均无显著性变化。Bermon et al（1999）[72]通过对 8 周抗阻力量训练对 32 名健康老年人（67－80 岁，男女各 16 名）影响的研究也证实了这一点。

长期训练对 GH 分泌的影响与适应还体现在机体随着机体对运动负荷的适应，GH 的运动分泌反应减小。因为受试者的机能状态是影响 GH 变化的重要因素，在进行同一强度运动时，有训练者 GH 增长水平较无训练者低，且较快恢复到正常安静水平。而老年人情况似有所不同，由于内分泌系统可塑性降低，即使进行了长期训练，他们的 GH 反应模式也没什么改变[62,72]。

3.2.4 其他影响 GH 代谢的重要因素

3.2.4.1 年龄与性别

新生儿具有非常高的 GH 水平，青春期 GH 基础浓度接近成年人。随着机体步入老年，血循环中的 GH 水平也逐步降低。更年期前的健康女性的 GH 含量几乎是男性的两倍，并且有较高的 GH 脉冲幅度和不规则的 GH 分泌模式。年龄、体成分指数或体脂%对 GH 分泌的负反应，男性是女性的 1.5～2 倍。体力活动时，女性的 GH 反应幅度高于男性，但 GH 分泌的正效应在男性则更显著。更年前期，血浆 GH 下降在男性比女性更明显。

3.2.4.2 营养和体成分

神经内分泌轴对营养物的摄入、体成分和体脂十分敏感。高脂肪食物刺激胃肠组织分泌 SS，高脂肪饮食将抑制运动对 GH 分泌的作用。高糖饮食也会产生类似的效果。摄入一些氨基酸，如赖氨酸、精氨酸等在正常情况下能有效刺激 GH 分泌。这里要特别强调营养能量平衡的影响，当营养充足时，增加 GH 释放，会刺激生长。主要是 GH 通过上行调节受体、刺激肝脏和组织 IGF 的生成来实现合成作用；当营养不足时增加 GH 释放，会造成 GH 受体数目和组织以及血浆中 IGF 水平下降，表现为组织抵抗 GH 的合成作用。Dahn et al（1998）[73]通过给疾病造成的机体高分解代谢状态的病人外源注射 rhGH，发现出现机体组织抵抗 GH 和 IGF－I 合成代谢作用的现象。

另外，体成分对 GH 分泌也有重要影响，体脂（尤其是腹部的脂肪）堆积将减低 GH 脉冲分泌的幅度并缩短血浆 GH 的半衰期。

3.2.4.3 垂体 GH 分泌的不应期

垂体 GH 分泌的不应期是干扰运动兴奋 GH 分泌作用的因素之一，在这一时期内，垂体不能有效对刺激产生 GH 的分泌反应。Cappon 等的研究证明，运动诱导 GH 升高之后至少有 1 小时的不应期，他们认为这可能是运动引起的游离脂肪酸提高和副交感与交感神经紧张性的改变有关。Stokes et al（2002）[65]发现了同样的现象，但他们同时观察到运动并没有引起游离脂肪酸增高，所以认为这可能是 GH 通过刺激 SS 的释放来实现自我抑制。而 Eliakim 等发现，如果清晨的 GH 脉冲分泌发生在运动测试前的 1 小时之内，则出现 GH 对运动刺激的不应，因而得出了与 Stokes et al 同样的解释。这种不应期的存在提示，如果以运动作为刺激 GH 分泌的手段，就要恰当的选择运动开始的时间，因为在垂体 GH 分泌的不应期进行运动可能毫无作用[63]。

睡眠对 GH 分泌的影响也是不能忽略的。人在觉醒状态，GH 分泌较少。进入慢波睡眠后，GH 分泌明显增加，血中 GH 浓度达到高峰；转入异相睡眠后，GH 分泌又减少。一般认为，进入慢波睡眠后 GH 分泌的增加，有利于促进生长和体力恢复。

3.3 运动应激对 IGF－I 系统的影响和适应

3.3.1 IGF－I 系统简介

IGFs 是一类结构上类似于胰岛素原的多肽，主要包括 IGF－I 和 IGF－II 两类。IGF－II 主要在胚胎期产生，对胎儿的生长期重要作用。IGF－I 是人体中最主要的生长介素，hGH 主要是通过 IGF－I 来实现其合成代谢作用的。IGF－I 不仅作为内分泌因子存在于血液中，而且还能通过自分泌或旁分泌方式在组织局部发挥作用。

在血液循环中，绝大部分的 IGF－I 与其结合蛋白以复合物的形式存在 (150KD)。该复合物由三部分组成：（1）酸稳定亚单位（ALS）；（2）IGFBP－3；（3）一分子的 IGF－I。ALS 对稳定血清中 150KD 复合物起十分重要的作用。IGFBP－3 作为高分子量结合蛋白是与 IGF－I 结合的主要蛋白，主要作为 IGF－I 的储存库，与 IGFBP－3 的结合即防止了 IGF－I 的降解也降低了游离 IGF－I 的浓度。从目前资料来看，由于 IGFBP－3 的半衰期很长，在运动之中不容易改变；而低分子量结合蛋白如在运动中变化较大，虽然在安静时与 IGF 结合的量较少，运动时可能起到调节 IGF－I 的生物活性的作用。由于相关研究还不多，本文以 IGF－I 为主，介绍运动应激对 IGF－I 系统的影响和适应。

3.3.2 急性运动对 IGF－I 系统的影响和适应

3.3.2.1 持续性运动对 IGF－I 系统的影响

安静时 IGF－1 水平与受试者机体状况高度相关。原先研究认为，急性运动对血清 IGF－I 水平没有影响。这是因为 GH 释放刺激 IGF－I 增高要有相当长时间，而人体内尚未发现 IGF－I 的储存池，因此运动刺激不可能引起 IGF－I 水平的急剧增高[39]。但已有越来越多的发现，男女受试者在短时间运动后，IGF－I 确有短暂的升高，而这种升高时间很短且只在运动开始阶段出现[22,69]。正因如此，在许多持续时间长的实验中，这一变化往往会漏测。需要指出的是，在急性运动过程中，IGF－I 的变化是独立于 GH 的变化的。至于 IGF－I 短暂升高的机理还需要进一步的研究。

长时间运动后水平 IGF－I 水平不变或下降，同时伴随 IGFBPS 的变化，如 IGFBP－1 水平上升，但 IGFBP－3 变化不明显[39,69]。Nguyen et al（1998）[69]研究发现，运让动员进行 3 小时长距离滑冰（NSR 组）和 2×45 分钟跑台模拟足球比赛（TSG 组），运动后即刻，NSR 组 IGF－I 下降 14.6%，TSG 组不变；NSR 组的 IGFBP－1 显著增加了 11.8 倍，TSG 组增加了 6.3 倍（在第一个 45 分钟结束时没有变化）；NSR 组的 IGFBP－3 没有发生变化，TSG 组也不明显。他们认为，长时间运动（45 分钟以上）对 IGFBP－3 这样的高分子量结合蛋白影响不明显，主要是增加 IGFBP－1 以结合游离的 IGF 并限制其胰岛素样作用。而 IGFBP－1 的提高既防止 IGF 的降低血糖作用，又在肌糖原耗竭时促进葡萄糖被肌细胞的摄取。

3.3.2.2 抗阻力量运动对 IGF－I 系统的影响

一般认为急性抗阻力量运动不引起男女性血清 IGF－I 浓度的提高，但是应该考虑年龄因素的影响[22,39,74]。S.Bermon et al（1999）[72]急性抗阻性运动后，发现在老年受试者总 IGF－I 浓度和游离 IGF－I 浓度明显提高，并且维持 6 小时。他认为可能的来源是肌肉，虽然肌肉中的 IGF－1 主要是自分泌或旁分泌，但抗阻力量练习造成的肌细胞损伤会使其释放到血液。应该指出的是，急性抗阻运动的时间一般较长，同样完全有可能出现对 IGF－1 变化的漏测。Nindl et al (2001)[74]研究发现，抗阻力量运动后 13 小时，男性受试者的总 IGF－1 和游离 IGF－1 没有发生变化；运动后第一小时，只有 IGFBP－3 出现明显增长，但很快回到基础值；而 IGFBP－2 和 ALS 却分别上升和下降。并认为 IGFBP－3 升高和 ALS 下降表明了 150KD 复合物的分解，但所产生的游离 IGF－1 很快就与 IGFBP－2 结合了。所以，抗阻力量运动对 IGF－I 系统的影响可能并不体现在 IGF－I 数量的改变，而体现在与 IGFBP 结合方式上的变化。

综上所述，急性运动对血清 IGF－1 水平的影响不大，无论是短时间运动的上升还是长时间运动的下降，都能很快恢复正常基础值。所以，今后研究似更应注意运动对 IGF－1 与 IGFBPs 结合方式上的变化上来。另外，由于 IGF－I 是在组织细胞产生，且通过旁分泌和自分泌发挥作用，所以特定组织内 IGF－I 也许比血液中 IGF－I 对运动应激的反应更明显。这也是今后值得我们更多关注的地方。

3.3.3 长期训练对 IGF－I 系统的影响与适应

3.3.3.1 长期耐力性训练对 IGF－I 系统的影响与适应

IGF－1 被认为是反映 GH/IGF－1 轴状态的更有用指标，因为与 GH 相比更稳定。已有研究发现，长期持续性训练会使青年男女的 IGF－1 水平提高[22,75－76]；而老年受试者却没有出现同样的情况。这可能与年龄有关，但也可能是训练方式不同所造成的[22]。所以尚需进一步研究。Roelen et al（1997）[75]对健康青年男性进行 2 周的大运动量持续耐力训练，结果发现，经过 2 周训练后，运动组的血浆 IGF－I 水平明显提高，有氧运动能力（VO_2max 等）大大增强；对照组血浆 IGF－I 水平和有氧运动能力没有明显变化。Koziris et al（1999）[76]对优秀大学生男女运动员进行了一个赛季的研究观察，并将赛季分为训练前、训练 2 个月、训练 4 个月和赛季结束，结果发现，男女运动员的血清 IGF－I 水平在前三个阶段逐渐上升，比赛阶段仍保持高水平。并且还观察到，IGFBP－1 在各阶段都没有显著性变化，而 IGFBP－3 在第三、四阶段明显高于训练前水平。

3.3.3.2 长期抗阻力量训练对 IGF－I 系统的影响与适应

多数研究表明，长期抗阻力量训练能使男女性的血清 IGF－1 水平提高[22,34,77]。有学者认为，由于女性的低睾酮水平，在训练中，她们更要通过刺激 GH－IGF－1 轴来提高肌肉蛋白的合成[22]。Borst et al（2001）[77]发现，经过 13 ~25 周的抗阻力量训练，男性和女性的血清 IGF－1 有相同的增长，并且发现大运动量组 IGFBP－3 明显下降，而小运动量组则没有发现。IGFBP－3 下降意味着游离 IGF 的增多，有利于肌肉力量的增长，而研究人员的确发现大运动量组的肌力增长更明显。该研究也表明了，引发 IGF－1 的生物活性发生改变也许需要有一定运动量的抗阻性训练。Marx et al（2001）[34]对女性受试者的研究表明，大运动量和小运动量的抗阻力量训练都会引起血清 IGF－1 增长。但也有研究表明，长期抗阻力量训练对血清 IGF－1 水平无影响。Kraemer et al（1999）[62]对青年男性（30yrs）和老年男性（60yrs）进行为期 10 周的大运动量抗阻力量训练，结果发现，训练后两组的血清 IGF－1 水平均无变化；青年组增加安静时 IGFBP－3，而老年组并无变化。

抗阻性训练使肌肉肥大和肌力增长的机制，GH/IGF－I 轴起的作用可能有三：1）训练增加了 GH 的分泌，导致肝脏 IGF－I 生成的增加并提高血液 IGF－I 水平，IGF－I 刺激肌肉 IGF－I 受体增加蛋白合成。2）训练增加了 GH 的分泌，直接刺激肌肉内源性 IGF－I 的产生促使肌肉肥大。3）运动直接增加肌肉 IGF－I 含量，并独立于血液 GH 和 IGF－I 的变化[77]。

综上所述，长期抗阻力量训练和耐力训练均可使血清 IGF－I 升高，但这种升高是否决定长期训练后体形与肌肉发达程度的改变，目前尚无定论。另外，长期训练对 IGFBPs 特别是 IGFBP－3 的影响很难确定规律，也许是因为 IGFBP－3 的变化是独立于 IGF－1 反应的，并在细胞水平有自己潜在生物活动。这些都需要进一步的研究。

3.3.4 其他影响 IGF－I 系统变化的重要因素

1. GH 的分泌情况：因为 GH 不仅启动各组织细胞生长因子及其结合蛋白的转录，而且增加细胞对生长因子的反应性，所以对 IGF－I 系统调节起重要作用。正常生理情况下，GH 分泌增多可引起血清 IGF－I、IGFBP－3 水平升高。从理论上说，任何影响 GH 变化的因素也能直接或间接的影响 IGF－I 系统变化。

2. 年龄和性别：人刚出生时，血清 IGF－I 水平很低，以后逐渐增加，青春期达到高峰。青春期后，血清 IGF－I 浓度趋于稳定。30 岁后，血清 IGF－I 水平开始缓慢下降。更年期前的健康女性比男性有更高的血清 IGF－I 水平，更年前期，血清 IGF－I 和 GH 随年龄的下降在男性比女性更明显。

3. 营养作用：适宜的营养是维持 IGF－I 及其 IGFBP－3 正常生理活性的重要

因素。缺乏营养或营养不良可导致 IGF－I 和它们的 IGFBPs 水平下降。虽然此时 GH 水平正常或高于正常，会出现机体组织抵抗 GH 和 IGF－I 合成代谢作用的现象，表现为生长缓慢[64,73]。IGF－I 能否从食物中直接摄取是令人关注的问题。Mero et al（2002）[78]发现，在运动员正常训练过程中补充牛初乳能有效提高血清 IGF－I 水平，直接口服 rhIGF－I 不能有同样效果，说明增加的 IGF－I 可能不是从牛初乳中直接摄取。

4 HSP70 热耐受性获得及对运动应答的研究进展

4.1 热应激应答和热应激蛋白

近年来的研究表明：无论是原核生物还是真核生物，无论是细菌还是人类受高温应激后都可发生热应激应答（heat stress response），此反应的特征是在其所处的温度升高或在多种非生理条件下培养时，都可以合成一组保守的热应激蛋白（HSPs），而其他参与细胞正常功能的基因表达则受到暂时性的抑制，基因表达的改变程度与热应激的强度和持续的时间呈正相关，在接近“致死”温度时，除 HSPs 以外的其他蛋白质都停止合成，成为最强烈的热应激应答现象[90]。

其他诸多应激因素，如缺氧、葡萄糖缺乏、线粒体抑制剂、氨基酸类似物、毒物、重金属离子（Zn^{2+}、Ca^{2+} 和 Cd^{2+}）、创伤、感染和 H_2O_2 也可诱导 HSPs 的合成，故热应激的概念可扩展到应激反应，诱导产生的蛋白质可统称为应激蛋白（stress protein）。这些应激蛋白对生物体耐受性的形成和免疫功能的发挥具有重要的作用[91]。现在的普遍观点认为，细胞水平对付应激的方法有两种：（1）临时改变基因的表达已适应环境的变化；（2）在长期的环境变化中改变细胞的结构和功能。所有组织中的细胞通过 HSPs 的快速合成对各种应激源作出反应。HSPs 的确切功能尚不清楚，但已有充分的证据表明 HSPs 是机体在正常或较高温度下存活的基础，同时在提高机体的耐高温能力和保护由于能量缺失、缺血等应激造成的细胞破坏中起关键作用。这些研究结果提示 HSPs 也许在正常细胞动态平衡和应激反应方面都扮演重要角色[92]。

4.2 HSP70 家族及热耐受性获得及机制

热应激蛋白按分子量的大小及同源程度可分为许多家族，如 HSP90、HSP70、

HSP60、HSP40和小分子HSP个家族，每个家族由多种不同形式或不同修饰程度的蛋白质分子组成，同一家族的成员分子量大小相似，不同种属的细胞含有相似的HSP家族。

4.2.1 HSP70家族

HSP70家族蛋白在细胞中普遍存在，它们是HSPs中具有最高温度敏感性和高度保守性的。在哺乳动物细胞中，HSP70家族主要有HSP78、HSP75、HSP73和HSP72等，它们的分子量相近，等电点为PH5.2~6.3。HSP78位于内质网和其他生物膜腔，可能与IgG的成熟和许多分泌蛋白分子的组装有关；成熟时HSP75特定性定位于线粒体内，HSP75参与细胞内合成的线粒体蛋白质前体的跨膜转运以及进入线粒体后的稳定和进一步折叠；HSP73定位于细胞质中，有一定的组成性基因表达，热休克时有少量的诱导表达，并进入细胞核与变性的或未折叠的核仁前体蛋白结合，可能有利于热休克的核仁的复性；与HSP73不同，HSP72在非应激状态下的含量非常少，热休克后HSP72在细胞质中迅速合成，并迁移到细胞核内，与未成熟的蛋白质分子或其他结构结合，可能有利于核小蛋白的稳定。HSP73可能与HSP72具有相似的功能，只是起作用的时项不同[93]。

热休克元件为数个反转重复的nGAAn五核苷酸核心序列的组合，是热休克因子（HSFs）在DNA上的结合位点。在应激状况下，HSFs所结合处即是启动子部分，并诱导HSP70的转录。要注意的是，HSP70的转录与翻译存在着不一致，这提示HSP70基因的转录激活是独立于蛋白合成过程的。例如，在细胞培养实验中，HSP70mRMA在应激状况下增加，然而HSP70蛋白水平却基本不变[94-96]。同时Bruce et al的研究还发现，将细胞暴露在双氧水中，通过HSF结合激活了热应激启动子，但HSP70 mRMA和蛋白水平没有增加[94]。

4.2.2 热耐受性获得及机制

4.2.2.1 热耐受性获得

热耐受性是指组织或细胞在经过热暴露后，对热应激有抵抗能力。许多研究已经证实，由应激诱导的HSP70的聚集，提高细胞或机体的耐热能力。这种热耐受性的获得是暂时的，并依赖于起始热应激的大小：起始热应激的量越大，耐受热的能力越强，持续时间越长。组织或细胞在热应激情况下数小时内即表现出热耐受性，并可持续3~5天。还有研究发现，热耐受性的消退与HSP70的降解呈平行关系。

细胞、组织和整个机体热耐受性变化过程是相似的，这可能表明整个机体的衰弱和死亡很大部分是由于一些关键性组织的功能缺失。因而推测在应激中最易受到伤害的组织细胞就是最可能出现 HSP70 聚集的细胞，而这些组织对于机体来说既敏感又重要，所以 HSP70 聚集可能预示组织的潜在损害。Flanagan et al 研究发现，当动物机体整体处于高温状态时，其肝脏等器官是最先出现 HSP70 聚集的[97]。

目前实验表明，应激后合成的 HSP70 可以使细胞对下一次热休克刺激的抗性增强，HSP70 对细胞受到包括热应激、缺氧和感染等应激因素刺激时有保护作用。这种对再次出现的应激有保护耐受性的获得，主要是通过分子伴侣作用、抗氧化作用、协同免疫作用和抗细胞凋亡作用。

4.2.2.2 HSP70 增强耐受性的机制[98]

4.2.2.2.1 分子伴侣作用

分子伴侣（molecular chaperones）是指帮助新合成和解折叠蛋白正确折叠和成功组装而本身不具功能的最终装配产物的组成蛋白。而 HSP70 是主要的分子伴侣蛋白，能够和一些细胞中的蛋白质结合，并帮助这些蛋白穿过内质网腔或线粒体膜，当蛋白质细胞内转移完成后，蛋白质与 HSP70 解离，折叠弯曲成最终的形式。细胞内有很多蛋白合成后即和 HSP70 暂时结合，以保证其适宜的结构状态。当细胞受到热效应或其他刺激时，会引起细胞的蛋白质肽链伸展，失去原来折叠状态，改变了分子空间构型，而 HSP 合成增加，与变性蛋白或异常蛋白相结合，使某些蛋白质解离，减少产生不溶性聚集物的危险性，并通过影响多肽折叠、展开、转位及蛋白质复合物的聚合或解聚起作用，保持细胞自稳定防止细胞受损害，又可通过变性蛋白质的降解及帮助合成新的蛋白质，促进细胞的恢复，因此 HSP 可以保护细胞免受蛋白变性和降解变性蛋白[117]，因而可以在机体热应激时加快正常蛋白合成的恢复，使热休克时由于蛋白质变性而造成的蛋白质量的减少得到补充，因此使机体获得热耐受力。

4.2.2.2.2 抗氧化作用

HSP 具有抗氧化能力：（1）当在应激时氧自由基（oxygen free radical）增多，通过脂质氧化会对生物膜的液态性、流动性、通透性发生巨大的影响而对细胞及亚细胞器如线粒体、溶酶体等造成破坏。HSP 则可抑制产生氧自由基的关键酶即 NADPH 氧化酶，通过反馈作用减少氧自由基的产生。（2）HSP 可直接释放和增加内源性过氧化酶如超氧化物歧化酶（SOD）水平，由于 SOD 能催化氧自由基发生歧化反应从而除氧自由基，故有细胞保护作用，Das et al[118]发现缺血再灌注引起了数种应激相关的抗氧化基因的激活，包括 HSP70，Mn - SOD 基因。Niedzwiecki[119]等在 37℃果蝇中发现 SOD - RNA 水平的增高是与 HSP70RNA 表达的增高相一致的。HSP 在细胞内具有抗氧化的生物活性，可使机体内源性抗氧化剂合成和释放增加，对应激有较强的抵抗作用。M.Moran 等的研究发现，经过 24 周的跑台训练，大鼠心肌 Hsp72 含量的明显增加，造成心肌总 SOD 和 mtSOD 活性较对照组有显著性的增长[99]。

4.2.2.2.3 协同免疫作用

热应激可干扰宿主的炎性反应，高温可以引起吞噬能力的增强，整体高温作用后，单核巨噬细胞的吞噬作用较常温增大，吞噬作用与一定的温度范围密切相关，温度升高 10℃吞噬功能约增加 3 倍，巨噬细胞是宿主的第一道防线，其杀伤入侵微生物的能力较大程度依赖于呼吸爆发（respiratory burst），这些细胞产生高浓度的活性氧族（reactive oxygen species，ROS）以及细胞因子（cytokines），ROS 和细胞因子均可诱导 HSP 的表达，反过来，HSP 通过抑制 ROS 和细胞因子起到保护细胞和组织免受炎症损伤的作用。当刺激因素引起机体细胞免疫应答时，不但有各种细胞因子（IL - 1、IL - 2、TNF - a 等）产生，同时亦伴有 HSP 的产生，以对抗细胞因子对细胞的损害作用，HSP70 可抑制人的单核细胞产生 IL - 1 和 TNF - a[120]。在鼠的实验中，热休克可对抗 IL - 1 抑制葡萄糖对胰岛功能的刺激作用。Scarim - AL[121]等研究发现 HSP70 是通过抑制 IL - 1 及干扰素对 NO 合成酶诱导而起保护胰腺生理功能作用的，而 IL - 1 主要由活化的单核 - 巨噬细胞产生，可作用于机体的各个系统，具有广泛的生物活性：参与免疫调节、介导炎症反应、影响组织代谢，可诱导其他多种细胞因子。Mehlen[122]发现 HSP 产生以后可以提高细胞内总谷胱甘肽的含量，进而保护细胞免受 TNF 等细胞因子的攻击，热预处理（39～42℃）可使 TNF - a 介导的溶细胞作用减轻约 50%。转化生长因子 TFG - β 具有多种生理功能，影响细胞的增殖常伴有对细胞分化的影响生长、介导炎症反应、免疫调节。CaoY[123]等在人的皮肤纤维细胞中紫外线照射后发现，应用 RT - PCR 和 Westernblot 技术发现 TFG - βmRNA 和 HSP70 都有表达。HSP70 可被 TFG - β 所诱导，而且 HSP70 的表达可被预先用抗 TFG - βⅡ型受体的抗体所抑制。

4.2.2.2.4 抗细胞凋亡作用

应激诱导的细胞凋亡需要激活细胞内应激激酶（JNK）[124]。Gabai[125]等发现细胞内 HSP72 水平增高可以阻断信号通路，抑制应激诱导的 JNK 激活，从而减少细胞的凋亡，Sreed[126]等在经克隆的小鼠 BC - 8 细胞中，在 42℃30min 不象其他真核细胞在热休克条件下产生反应，无 HSP70 的出现，却可观察到细胞凋亡小体的出现和 DNA 的碎片。

4.3 热应激蛋白对运动应答的研究进展

研究已经证明，有多种刺激能够引发 HSP70 的聚集，这些刺激包括：高温、缺血再灌注、缺氧、能量缺失、酸化和活性氧族（ROS）的形成等等。因为运动能使机体产生相似的代谢环境改变，所以，运动应激能诱导 HSP70 生成十分正常。

4.3.1 热应激蛋白对急性运动的应答

Locke 等[100]1990 年首次通过实验证实，一次性跑台力竭运动即可诱导鼠淋巴细胞、脾细胞和比目鱼肌细胞内 HSP70 合成增加。随后有多个研究证明，急性运动不仅能使骨骼肌中 HSP70 水平升高，同时也提升了关键器官，如心脏、肝脏、肾脏等，甚至外周血白细胞的 HSP70 水平。对于这种细胞 HSP70 的聚集，要分清楚那种刺激起多大的作用是困难的，这部分是由于运动造成细胞和组织温度升高的同时，伴随着其他生理刺激的出现[92]。

运动是否可以在独立于细胞温度变化的情况下增加 HSP70 的表达？Skimore et al[101]设计了一个实验：让大鼠在寒冷的环境中运动，以防止其细胞温度高出安静时水平；结果发现，运动后大鼠后肢运动肌肉细胞和心肌细胞的 HSP70 水平都有提高。这提示在急性运动中，除了热应激外，还有其他应激因素造成了细胞 HSP70 的聚集。他认为运动应激导致 HSP70 的诱导合成可能与其他代谢性应激因素有相同的诱导机制，并可能与能量耗竭有关。Febbraio[102]的研究表明肌肉糖原有效供能能力降低刺激了 HSP 表达，从而证实了 Skimore 的推测。

骨骼肌中 HSP 对于运动做出的应答可能主要是依赖强度的诱导[96,101]。Skimore et al[101]发现不同的肌肉在运动时被利用的程度越大，其 HSP70 表达水平越高，而有的肌肉由于在运动时做功非常少，运动后其外 HSP 含量未发生明显变化。liu 等[96]对 6 名优秀的赛艇运动员进行两个阶段的训练：第一个阶段包括 3 周高强度的训练和 1 周的调整期；第二个阶段包括 3 周低强度的耐力性训练和 1 周的调整期。在每个阶段的开始和结束从运动员的股四头肌活检取样。结果发现，经过 3 周高强度的训练，骨骼肌中 HSP70 明显增长，而随后的调整期，HSP70 又明显回落；而 3 周低强度的耐力性训练后，骨骼肌中 HSP70 无明显变化。骨骼肌中 HSP70mRNA 表达在高强度训练后显著性增长 257%，随后逐渐下降（第一次调整为194%，低强度耐力训练为166%，第二次调整为119%）。所以他得到两个结论：（1）HSP70的运动应答依赖于运动强度，HSP70表达被高强度的训练所诱导。（2）HSP70在蛋白质水平和mRNA水平调节方面存在着差异，提示后转录调节也许在人体骨骼肌中HSP70运动应答中起重要作用。

长期训练会造成HSP对急性运动应答的减弱[103-105]。Smolka et al[103]研究发现，让经过8周训练的大鼠和未经过训练的大鼠在跑台上跑至力竭，经过训练大鼠比目鱼肌HSP72的浓度没有变化，而未经过训练大鼠比目鱼肌HSP72的浓度明显升高。Fehrenbach et al[104]发现大强度持续性运动伴随白细胞HSP70表达明显增加，该研究还发现经过训练的受试者与没有经过训练的受试者相比，其HSP70运动应答要弱，并认为这可能是对耐力性训练适应的表现。Jae-Keun et al[105]的最新研究也得到了相似的结论。

要指出的是，年龄也是影响HSP70应答的重要因素，衰老过程会通过改变HSP70的聚集和作用来减弱机体的应激耐受能力。Demirel，H.A et al[106]研究发现老年大鼠心肌HSP72表达能力下降，这也许就是老年心肌在缺血-再灌注损伤中更易受伤的原因。

4.3.2 热应激蛋白对长期训练的应答

应激后合成的HSP70可以使细胞对下一次热休克刺激的抗性增强，HSP70对细胞受到包括热应激、缺氧和感染等应激因素刺激时有保护作用，对运动应激也是如此。HSPs是机体组织的组成部分，从理论上说当机体适应应激的同时，HSPs也对应激产生适应。liu等[107]在另一篇报道中指出10名优秀的划艇运动员进行4周大强度划艇训练，其股四头肌细胞的HSP70水平在每一周末和训练前相比分别增长181、405、456、363%，呈下降趋势；而HSPs的mRNA表达也会出现这样的应激适应的现象。魏勇等[108]研究发现，一周跑台运动后大鼠心肌细胞HSP72mRNA表达明显增多，两周运动后HSP72mRNA表达较一周运动稍减少，而3周运动后大鼠心肌细胞HSP72mRNA表达较一、二周减少，且存在显著性差异。从而认为：运动训练一定时间后HSP72mRNA积累逐渐减少是运动适应的标志。

还有研究表明当机体组织细胞受到应激时，HSPs合成受最大合成量的限制，因而只有下调组织细胞中HSPs的基础含量，才能在机体受到有害刺激时最大限度的合成，才能最大限度的保护细胞免受损伤。因此有学者认为，当运动应激超过了HSPs的保护范围时，意味着运动损伤和修复的失衡[109]。

虽然有关运动与HSP应答的论文已经不少，但仍有如多问题需要进一步探讨。例如，很多报道指出骨骼肌中 HSP70 的含量与骨骼肌中的 I 型肌纤维的含量有关，甚至认为 HSP 可能参与 apoptosis 的控制，从而参与骨骼肌纤维在训练中的转化[93,110]。但也有相反的报道认为骨骼肌纤维转化与 HSP70 的表达无关[111]。另外，运动对人体 HSP 应答影响方面的研究相对较少而且不深入，对有些问题甚至无法定性，如：Walsh et al[112]发现运动后人体血清 HSP70 水平升高，但其来源还不清楚。也不能确定外周血清的 HSP 能否体现组织内的应激程度，能否作为过度训练的指标。总之，由于人体试验研究数量有限，还不能对人体 HSP70 对运动的应答作明确的结论。运动的方式和强度，受试者的性别和受过训练与否，都可能影响研究结果，所以还有进行进一步研究。

致 谢

本文是在我的导师王安利教授和陆一帆教授的悉心指导下由本人独立完成的，导师开拓性的思维、务实严谨的科研作风以及渊博的知识都使我受益匪浅。王安利老师不仅在学术上言传身教，在生活上也对我关怀备至，使我在感受人格魅力的同时，更明白了博士生学习只是短短三年，而做人做学问却是一辈子的道理；陆一帆老师不但为论文的研究提供了经费支持，而且对于运动医学有着敏锐的洞察力。在屡屡遭遇学术难题之时，老师的点拨常令我有豁然开朗之感。每回想在导师指导下工作学习的日子，感激之心难于言表。惟有在以后的工作中踏实做人，努力工作去回报老师们的辛勤指导和热情关怀。

我要感谢我的妻子黎英女士，正是由于她的理解和支持，才能使我全身心的投入到工作和学习之中；博士三年艰苦单调的外地求学生活，也正是有了她的存在而显得温馨而丰富多彩。“相忘于江海”固然潇洒，“相濡以沫”却能珍藏于心灵最深处。

在论文工作期间，得到了北京体育大学运医教研室王正珍副教授，矫伟教授，解剖教研室刘桂华副教授，徐刚副教授，生化教研室胡杨教授，国家运动医学研究所方子龙研究员的热情指导和帮助。在此谨向他们表示衷心的感谢！

谨以此文深切缅怀我的母亲陈爱梅女士！

参考文献

1.张镜如主编.生理学[M]北京:.人民卫生出版社,2000

2.谢敏豪,冯炜权,杨天乐等.血睾酮与运动[J].体育科学,1999,19(2):80~83

3.程治平主编.内分泌生理学[M].人民卫生出版社,1984

4.A.C Hackney.The male reproductive system and endurance exercise.Med Sci Sports Exerc.,Vol.28,No.2,pp.180~189,1996

5.武桂新,谢敏豪,冯炜权.运动应激与睾酮生物合成研究进展[J].北京体育大学学报,2001,24(3):242~246

6.MacConnie et al.Decreased hypothalamic gonadotropin – releasing hormone secretion in male marathon runners.N Engl J Med 315:411~417,1986

7.McCool er al.The effects of acute exercise on pulsatile LH release in highmileage male runners.Clin Endocrinol (Oxf)31:617~621,1989

8.Slowinska – Lisowska M.Hormone plasma levels from pituitary – gonadal axis in performance athletes after the 400m rum.J Sport Med Phys Fitness 2002;42:243~9

9.O.Ronsen et al.Increased neuroendocrine response to a repeated bout of endurance exercise.Med.Sci Sports Exerc.,Vol.33,No.4,pp.568~575,2001

10.T.Raastad et al.Hormonal responses to high – and moderate – intensity strength exercise.Eur J Appl Physiol 82:121~128 2000

11.Nindl et al.LH secretion and testosterone concentration are blunted after resistance exercise in men.J Appl Physiol 91:1251~1258,2001

12.Di Luigl L et al.Physical stress and qualitative gonadotropin secretion:LH biological activity at rest and after exercise in trained and untrained men.Int J Sports Med 2002:23:307~312

13.尤同建,杨天乐,谢敏豪.运动性生殖内分泌改变与中医肾阳虚的关系及补肾重中药强力作用的研究进展[J].中国运动医学杂志,1999,18(3):262~264

14.A.C.Hackney et al.Basal reproductive hormonal profiles are altered in endurance trained men.J Sport Med Phys Fitness 1998;38:138~41

15.Rogol et al.Pulsatile secretion of gonadotropin and prolactin in male marathon runner.J Androl 1984(5)

16.D.Souza et al.Gondal hormones and semen quality in male runner:A 'volume threshold 'effect.Int J Sports Med 1994:68:402~11

17.D.Souza.The effect of endurance training on reproductive function in male runners – A 'volume threshold ' hypothesis. Sports Med 1997;23(6),357 ~ 374

18. 谢敏豪,方子龙,杨天乐等. 补肾中医对训练者下丘脑 - 垂体 - 性腺轴功能及运动能力的影响[J]. 中国运动医学杂志,1996(1):12 ~ 15

19. Kujala Um et al. Gonadotropin - releasing hormone and human chronic gonadotropin tests reveal that both hypothalamic and testicular endocrine function are suppressed during actue prolonged physical exercise. Clin Endocrinol (Oxf)33:219 ~ 225,1990

20. Lehman M et al. Influence of 6 weeks,6 days per week training on pituitary function in recreational athletes. Br. J. Sports Med,27(3):186 ~ 192,1993

21. 姜文凯,应峰,陈钟元等. "LHRH - A"试验观察激烈运动后下丘脑对垂体 - 性腺轴和垂体 - 肾上腺轴的影响[J]. 体育科学,1994,14(2):66 ~ 71

22. Consitt et al. Endogenous anabolic Hormone Responses to Endurance Versus Resistance Exercise and Training in Women. Sports Med 2002,32(1):1 ~ 22

23. G. P. Berthon et al. Changes in cortisol and testosterone levels and T/C ratio during an endutance competition and recovery. J Sport Med Phys Fitness 2000,40:139 ~ 44

24. A. C. Fry et al. Pituitary - adrenal - gonadal responses to high - intensity resistance exercise overtraining. J Appl Physiol 85(6):2352 ~ 2359,1998

25. Pullinen T et al. Resistance exercise - induced hormonal responses in men, women, and pubescent boys. Med Sci Sports Exerc., Vol. 34, No. 5, pp. 806 ~ 813, 2002

26. Kraemer W JGordon S EFleck S J. Endogenous Anabolic Hormonal and Growth Factor Responses to Heavy Resistance Exercise in Males and Females. Int J Sports Med. - 1991. - 12(2). - 228 ~ 235

27. M RKraemer W JMaresh C M. Exercise - Induced Hormonal Changes and their Effects upon Skeletal Muscle Tissue, Sports Med (US). - 1991. - 72(2). - 80 ~ 93

28. 方子龙,谢敏豪,杨天乐等. 运动员血清中黄体生成素生物活性与免疫活性的研究[J]. 中国运动医学杂志,1996,15(1):18 ~ 22

29. 谢敏豪. 运动性血睾酮变化及 Leydig 细胞 β2 受体调节机制的研究[D]. 北京体育大学博士论文. 1997

30. 刘颖,陆一帆. 运动对雄激素水平的影响[J]. 北京体育师范学院学报,1998,10(2):60 ~ 65

31. Lu et al. Lactate and the effect of exercise on testosterone secretion: evidence for the involvement of a camp - mediated mechanism. Med. Sci Sports Exerc., Vol. 29, pp. 1048 ~ 1054, 1997

32. Mero AJaakkola L. Serum Hormones and Physical Performance Capacity in Young Boy Athletes during A 1 - Year Training Period. Eur J Appl Physiol. 1990;60(1);32 ~ 37

33. Hakkinen et al. Neuromuscular adaptations and serum hormones in women during short - term intensive strength training. Eur J Appl Physiol. 1992;64;106 ~ 11

34. Marx et al. Low - volume circuit versus high - volume periodized resistance training in women. Med. Sci Sports Exerc., Vol. 33, pp. 635 ~ 43, 2001

35. 尤同建,谢敏豪,杨天乐等.运动训练对雄性大鼠垂体 - 性腺轴功能的影响[J].中国运动医学杂志,1997,16(4):252 ~ 256

36. 武桂新.运动性低血睾与睾酮合成的酶及血液中睾酮分布特点[D].北京体育大学博士论文,2000

37. Bambino et al. Direct inhibitory effect of glucocorticoids upon testicular luteinizing hormone receptor and steroidogensis in vivo and in vitro. Endocrinology 1981:108:2142 ~ 8

38. Luger et al. Acute hypothalamic - pituitary - adrenal responses to the stresses of treamill exercise: physiologic adaptations to physical training. N Engl J Med 316:1309 ~ 15, 1987

39. 曾凡星.运动中生长激素和睾酮的研究进展[C].动生理学进展.北京体育大学出版,2000,8

40. 徐晓阳.β - 内啡肽:运动时的变化及其意义[J].中国运动医学杂志,1995,17:108 ~ 111

41. Cumming et al. Physical activity, nutrition, and reproduction. Ann NY Acad Sci 1994;709:55 ~ 76

42. J. Volek et al. Testosterone and cortisol in relationship to dietary nutrients and resistance exercise. J Appl Physiol 82(1):49 ~ 54, 1997

43. Helmreich et al. Suppression of luteinizing hormone secretion during food restriction in male rhesus monkey: failure of naloxone to restore normal pulsatility. Neuroendocrinol 1992;56:464 ~ 73

44. Williams et al. Strenuous exercise with caloric restriction: effect on luteinizing hormone secretion. Med. Sci Sports Exerc., Vol. 27, pp. 1390 ~ 98, 1995

45. A. Viru. Plasma hormones and physical exercise. Int J Sports Med 1992:13:201 ~ 209

46. Schmartz et al. β - Endorphin, adrenocorticotropic hormone, cortisol and catecholamines during aerobic and anaerobic exercise. Eur J Appl Physiol 61:165 ~ 171, 1990

47. M. Duclos et al. Trained versus untrained men: different immediate post - exercise responses of pituitary adrenal axis. Eur J Appl Physiol 75:343 ~ 350, 1997

48. G. Wittert et al. Adaptation of the hypothalamopituitaryadrenal axis to chronic exercise stress in humans. Med. Sci Sports Exerc., Vol. 28, No8, pp. 1015 ~ 1019, 1996

49. Snegovskaya et al. Steroid and pituitary hormone responses to rowing: relative significance of exercise intensity and duration and performance lever. Eur J Appl Physiol 67:59 ~ 65, 1993

50. Chennaoui et al. Effects of moderate and intensive training on the hypothalamo - pituitary - adrenal axis in rats. Acta Physiol Scand 2002, 175, 113 ~ 121

51. Perhonen et al. Stress hormones after prolonged physical training in normo - and hypobaric conditions in rats. Int J Sports Med 1995:16:73 ~ 77

52. Calogero et al. Effects of serotonergic agonists and antagonists on corticotropin - releasing hormone secretion by explanted rat hypothalami. Peptides 10, 189 ~ 200, 1989

53. Chennaoui et al. Effects of physical training on functional activity of 5 - HT1B receptors in rats central nervous system: role of 5 - HT - moduline. Nannyn - scbmiedeberg's Arab Pharmacol 361, 600 ~ 604

2000

54. Piacentini et al. No effect of a noradrenergic reuptake inhibitor on performance in trained cyclists. Med. Sci Sports Exerc., Vol. 34, No. 7, pp. 1189 ~ 1193, 2002

55. 满军. 六周游泳训练对大鼠海马区某些神经生物学指标的影响及其机理的研究[D]. 北京体育大学博士论文, 2002

56. A. Viru et al. Stability and Variability in Hormonal Responses to Prolonged Exercise. Int J Sports Med. – 1992. – 13(3). – 230 ~ 235

57. Johansson et al. Restoration of Anabolic Deficit and Muscle Glycogen Consumption in Competitive Orienteering. Int J Sports Med. 1990. – 11(3). – 204 ~ 207

58. Fellmann et al. Hormonal Fluid, and Electrolyte Changes during a 72h Recovery from a 24h Endurance Run. Int J Sports Med. 1989. – 10(6). – 406 ~ 412

59. Pullinen T et al. Resistance exercise – induced hormonal responses in men, women, and pubescent boys. Med Sci Sports Exerc., Vol. 34, No. 5, pp. 806 ~ 813, 2002

60. Houmard et al. Testosterone, Cortisol, and Creatine Kinase Levels in Male Distance Runners during Reduced Training. Int J Sports Med 1990. – 11(1). – 41 ~ 45

61. Tegelman et al. Endogenous Anabolic and Catabolic Steroid Hormones in Male and Female Athletes during Off Season. Int J Sports Med. 1990. – 11(2). – 103 ~ 106

62. W. J Kraemer et al. Effects of heavy – resistance training on hormonal response patterns in younger vs. older men. J Appl Physiol 87: 982 ~ 992, 1999

63. 李志清. 运动对生长激素分泌的作用及其影响因素[J]. 中国运动医学杂志, 2001, 20(3): 298 ~ 301

64. K. T Borer. The effects of exercise on growth. Sports Med 20: 375 ~ 397, 1995

65. Stokes et al. Growth hormone responses to repeated maximal cycle ergometer exercise at different pedaling rates. J Appl Physiol 92: 602 ~ 608, 2002

66. C. J. Pritalaff et al. Impact of acute exercise intensity on pulsatile growth hormone release in men. J Appl Physiol 87(2): 498 ~ 504, 1999

67. C. J. Pritalaff et al. Catecholamine release, growth hormone secretion, and energy expenditure during exercise vs. recovery in men. J Appl Physiol 89: 937 ~ 946, 2000

68. C. J. Pritalaff et al. Gender governs the relationship between exercise intensity and growth hormone release in young adults. J Appl Physiol 92: 2053 ~ 2060, 2002

69. U. Nguyen et al. Influence of exercise duration on serum IGF and its binding proteins in athletes. Eur J Appl Physiol 78: 533 ~ 537, 1998

70. B. C. Nindle et al. Growth hormone pulsatilety profile characteristics following acute heavy resistance exercise. J Appl Physiol 91: 163 ~ 172, 2001

71. Weltman et al. Exercise – dependent growth hormone release is linked to markers of heightened cen-

tral adreneergic outflow. J Appl Physiol 89:629 ~ 635, 2000

72. S. Bermon et al. Responses of total and free IGF – I and IGFBP – 3 after resistance exercise and training in elderly subjects. Acta Physiol Scand 165:51 ~ 56, 1999

73. M.S Dahn et al. Systemic and splanchnic metabolic response to exogenous human growth hormone. Surgery 123:528 ~ 538, 1998

74. B.C. Nindle et al. Overnight responses of the circulating IGF – I system after acute, heavy – resistance exercise. J Appl Physiol 91:1319 ~ 1326, 2001

75. C. Roelen et al. Plasma IGF – I and high growth hormone – binding protein levels increase after two weeks of strenuous physical training. Int J Sports Med 1997:18:238 ~ 241

76. Koziris et al. Serum levers of total and free IGF – I and IGFBP – 3 are increased and maintained in long – term training. J Appl Physiol 86(4):1436 ~ 42, 1999

77. Borst et al. Effects of resistance training on insulin – like growth factor – I and IGF binding proteins. Med Sci Sports Exerc., Vol. 33, No. 4, pp. 648 ~ 653, 2001

78. Mero et al. IGF – I, IgA, and IgG responses to bovine colostrums supplementation during training. J Appl Physiol 93:732 ~ 739, 2002

79. 杨权. 下丘脑 – 垂体 – 肾上腺皮质轴应激反应的中枢控制[J]. 生理科学进展, 2000, 31 (3):222 ~ 226

80. Cabric et al. Fine structural changes in electrical stimulation human skeletal muscle. Euro J of Physiolog, :1 ~ 5, 1988(5)

81. 赖柳明. 改善体成份的方法与机制研究[D]. 北京体育大学博士论文, 1996

82. Cote et al. Isokinetic strength training protocols: do they induce skeletal muscle fiber hypertrophy? Arch Phys Med Rehabil, 69:281 ~ 285, 1988

83. Esselman et al. Torque development in isokinetic training. Arch Phys Med Rehabil, 72:723 ~ 728, 1991

84. 秦岭. 等速肌力测试和训练技术在体育运动中的应用[C]. 体育生物医学基础研究与进展. 人民体育出版社, 2001

85. 冯炜权. 运动后恢复过程规律的生化研究进展(未完待续)[J]. 沈阳体育学院学报, 2004, 23(1): 3 ~ 66

86. 冯炜权. 运动后恢复过程规律的生化研究进展(续完)[J]. 沈阳体育学院学报, 2004, 23 (2):113 ~ 11

87. 冯炜权. 运动性疲劳和恢复过程几个理论研究概况和应用[J]. 体育科学, 1992, 12(3):53 ~ 58

88. 周东波, 何平. 我国运动员血清 T/E2、T/F 水平的研究. 体育科学, 1994, 14(5):65 ~ 70

89. 冯连世. 运动员机能评定常用生理生化指标测试方法及应用[M]. 人民体育出版社, 2002

90.何骁生.应激原对热应激蛋白基因调控信号系统的影响[J].中华劳动卫生职业病杂志,1998,2(16)

91.George M,William JW.Clinical implication of the stress response.J Clin Invest,1995,95:3~8

92.K.C.Kregel.Heat shock proteins:modifying factors in physiological stress responses and acquired thermotolerance.J Appl Physiol 92:2177~2186,2002

93.武桂新,冯炜权.热休克蛋白及其对运动的应答[J].北京体育大学学报,1997,3(20):20~24

94.Bruce et al.Oxidant injury rapidly activates the heat shock transcription factor but fails to increase levels of heat shock proteins.Cancer Res 53:12~15,1993

95.Hensold et al.DNA binding of heat shock factor to the heat shock element is insufficient for transcriptional activating in murine erythroleukemia cells.Mol Cell Biol 41:1600~1608,1990

96.Liu,Y et al.Skeletal Muscle HSP70 Respones to Exercise in Well Trained Rowers.Med Sci Sports Exerc.,Vol.33,No.5,Supplement 1 sp.186~93,2001

97.Flanagan et al.Tissue－specific HSP70 response in animals undergoing heat stress.Am J Physiol Regulatory Integrative Comp Physiol 268:R28~32,1995

98.张旭辉.热休克蛋白70与热耐受的机制[J].解放军预防医学杂志,2001年2月第19卷第1期

99.M.Moran et al.Responses of rat myocardial antioxidant defences and heat shock protein Hsp72 induced by 12 and 24－week treadmill training.Acta Physiol Scand 180,157~166 2004

100.Locke.M.Exercise mammals synthesis stress proteins.Am.J Physiol,1990,258,C723~729

101.Skimore et al.Hsp70 induction during exercise and heat stress in rats:role of internal temperature,Am.J Physiol,1995,268,R92~97

102.Febbraio,M A et al.HSP72 Expression is Influenced by Glycogen Availability in Contracting Human Skeletal Muscle.Med Sci Sports Exerc.,Vol.33(5)p.307~315,2001

103.Smolka et al.HSP72 as a complementary protection against oxidative stress induced in the soleus muscle of rats.Am J Physiol Regulatory Comp Physiol,279.1539~1542,2000

104.Fehrenbach,E et al.HSP expression in human leukocytes is modulated by endurance exercise.Med Sci Sports Exerc.,Vol.32,No.3,pp.592~600,2000

105.Jae－Keun et al.Expression of Exercise－Induced HSP70 in Long－Distance Runner's Leukocytes.Med Sci Sports Exerc.Vol.36(5)p87~88,2004

106.Demirel,H.A et al.Attenuated Myocardial HSP72 Expression Following Endurance Training in Old Rats.Med Sci Sports Exerc.,Vol.31(5)p.52~60,1999

107.liu et al.Human Skeletal Muscle HSP70 response to training in highly trained rowers.J Appl Physiol,86.101~104,1999

108.魏勇,陈佩杰,庄洁等.不同周期运动后大鼠心肌细胞热休克蛋白72mRNA的表达.中

国运动医学杂志,2003

109.王凤阳.热休克蛋白(HSP72)与运动训练的研究进展.北京体育大学学报,2004

110.Steinacker J M et al.New aspects of the hormone and cytokine response to training.Eur J Appl Physiol 91:382~391 2004

111.D.Desplanches et al.Skeletal muscle HSP72 response to mechanical unloading:influence of endurance training.Acta Physiol Scand 180,387~394 2004

112.Walsh,R C et al.Exercise increases serum HSP72 in humans.Cell Stress Chaperones 6:386~392

113.田野.运动性骨骼肌疲劳机理研究[M].北京体育大学出版社,1998

114.熊若虹,苏全生,袁琼嘉等.补充复力康合剂对训练大鼠运动能力及血清 T、C、GH 水平的影响[J].中国运动医学杂志,2004,23(3)277~279

115.洪长清,邓树勋.三种训练对大鼠循环系统内分泌的影响[J].中国运动医学杂志,2000,19(1)51~52

116.田麦九主编.运动训练学[M].人民体育出版社,2000

117.Hight ower LE.Cultured animal cells exposed to amino acid analogues or puromycin rapidly synthesis several polpeptides [J].J cell physiol,1980,102(3):407

118.Das DK,Engelman RM,Kimura Y.Molecular adaptation of cellular defenses following preconditioning of the heart by repeated ischaemian[J].Cardiovas Res,1993,27(4):578

119.Niedzwiecki A et al.Changes in superoxide dismutase and catalase in ageing heat shocked Drosophila[J].Experientia,1994,50:1048

120.Hall TJ.Role of HSP70 in cytoline production[J].Experientia,1994,50:1048

121.Scarim AL et al.Heat shock inhibits cytokine – induced nitric oxide synthase expression by rat and human islets[J].Endocrinology,1998,139(12):5050

122.Mehlen P et al.Human HSP27,Drosophila HSP27 and human alpha B – crystallin expression mediated increase in gultathione is essential for the protective activity of these proteins against TNF alpha – induced cell death[J].EMBO J,1996 15:2695

123.Cao Y et al.TGF – betal mediates 70 – kDa heat shock protein induction due to ultraviolet irradiation in human skin fibroblasts[J].Pflugers Arch,1999,438(3):239

124.Mosser DD et al.Role of the human heat shock protein HSP70 in protection against stress – induce apoptosis[J].Mol Cell Biol,1997,17(9);5317

125.Cabai VL,meriin AB et al.HSP70 prevents activation of stress kinasse.A novel pathway of cellular thermotolerance[J].J Biol Chem,1997,272(29):18033

126.Sreedhar AS et al.Lack of heat shock response triggers programmed cell death in a rat histiocytic cell line[J].FEBS lett,1999,456(2):339

《课题系列专著》出版说明

课题研究成果是体育科技文化的重要组成部分，具有很强的理论性和应用性，涉及的研究内容都是体育各领域所面临的急需解决的问题，对体育事业的发展具有重要的现实意义。随着我国体育改革的不断深入，体育专家学者的研究成果日益丰富。搭建《课题系列专著》这一平台，就是为了更好地使宝贵的课题研究成果得以应用、积淀与传承。

稿件要求：正文 15 万字（含图表部分）A4 纸打印，光盘储存。著作构件齐全，包括课题名称、课题立项（批准）编号、评审专家评语、作者简介、作者照片。

通讯地址：100084 北京市海淀区中关村北大街

北京体育大学出版社教材专著事业部

咨询方式：010－62989469　62989434

Langlin825@163. com

明企业应收账款、存货周转速度的快慢。

四、财务报表分析方法

财务报表主要是由报表项目所构成，报表项目都是一些经济指标。因此，财务报表分析首先要对各项报表项目的数字变动和各报表项目之间的数量关系进行分析。在进行数量分析时，经常应用的分析方法主要有以下几种。

（一）比较法

比较法是通过经济指标不同数量的比较揭示经济指标数量差异的一种分析方法。经济指标出现了数量差异，就说明有值得进一步分析的问题。所以，比较法的主要作用在于揭示客观存在的差距，发现问题。为进一步分析原因、寻找潜力指出方向或线索。在财务报表分析中比较法应用比较广泛。根据分析的目的和要求不同，可以进行以下几种形式的比较：

1. 实际与计划（定额）比较。可以揭示实际与计划或定额之间的差异，了解该项指标的计划或定额的完成情况。

2. 本期实际与前期（上年同期或历史最好水平）实际比较。可确定前后不同时期或与历史最好之间的水平数量差异，了解企业某项经济活动的发展趋势和经营管理工作的改进情况。

3. 本期实际与国内外先进水平比较。找出与先进水平之间的差距，推动本单位改善经营管理，学习先进，赶超先进水平。

应用比较法进行同质指标的不同数量比较时，要注意各项指标的可比性。比较双方的指标内容、计算方法、采用的计价标准和时间单位等应当相同、可比。为了使比较的指标具有可比性，在分析时可将有关指标作必要的调整换算。

应用比较法还应注意各项指标数量的真实性和科学性。例如，将利润指标的实际数同计划数相比较时，既要检查利润实际数的真实性，有无虚增利润或虚减利润的现象，又要检查利润计划本身是否先进可行。应在检查、纠正以后再进行比较，保证分析结果的正确和有用。

（二）比率分析法

比率分析法是通过计算、比较经济指标的比率，来确定相对数差异的一种分析方法。比率是相对数，采用这种方法，要把分析对比的数值变成相对数，计算出各种不同的比率，然后进行比较，从确定的比率差异中发现问题。采用这种分

通过上述计算结果可以看出，流动比率过低，速动比率也有问题，该企业的短期偿债能力较差，资产负债率较高，企业长期偿债能力低于短期偿债能力。

2. 反映盈利能力的指标。

$$\text{平均资产总额}=\frac{2\,000+2\,290}{2}=2\,145\text{（万元）}$$

$$\text{总资产报酬率}=\frac{900+100}{2\,145}\times100\%=46.62\%$$

$$\text{平均净资产}=\frac{300+340}{2}=320\text{（万元）}$$

$$\text{净资产收益率}=\frac{600}{320}\times100\%=187.5\%$$

$$\text{营业收入利润率}=\frac{900}{3\,000}\times100\%=30\%$$

$$\text{成本费用利润率}=\frac{900}{1\,800}\times100\%=50\%$$

上述计算结果只能表明该企业的总资产报酬率为46.62%，净资产收益率为187.5%，营业收入利润率为30%，成本费用利润率为50%。这些结果说明什么问题，还需要通过比较进行深入分析。

3. 反映营运能力的指标。

$$\text{总资产周转率}=\frac{3\,000}{2\,145}=1.4\text{（次）}$$

$$\text{赊销收入}=3\,000-1\,000=2\,000\text{（万元）}$$

$$\text{应收账款平均余额}=400\text{（万元）}$$

$$\text{应收账款周转率}=\frac{2\,000}{400}=5\text{（次）}$$

$$\text{平均存货}=560\text{（万元）}$$

$$\text{存货周转率}=\frac{1\,800}{560}=3.21\text{（次）}$$

上述计算结果表明，该企业的总资产周转率为每年1.4次，应收账款周转率为每年5次，存货周转率为每年3.21次。同样这些结果只有通过比较，才能说

明企业应收账款、存货周转速度的快慢。

四、财务报表分析方法

财务报表主要是由报表项目所构成，报表项目都是一些经济指标。因此，财务报表分析首先要对各项报表项目的数字变动和各报表项目之间的数量关系进行分析。在进行数量分析时，经常应用的分析方法主要有以下几种。

（一）比较法

比较法是通过经济指标不同数量的比较揭示经济指标数量差异的一种分析方法。经济指标出现了数量差异，就说明有值得进一步分析的问题。所以，比较法的主要作用在于揭示客观存在的差距，发现问题。为进一步分析原因、寻找潜力指出方向或线索。在财务报表分析中比较法应用比较广泛。根据分析的目的和要求不同，可以进行以下几种形式的比较：

1. 实际与计划（定额）比较。可以揭示实际与计划或定额之间的差异，了解该项指标的计划或定额的完成情况。

2. 本期实际与前期（上年同期或历史最好水平）实际比较。可确定前后不同时期或与历史最好之间的水平数量差异，了解企业某项经济活动的发展趋势和经营管理工作的改进情况。

3. 本期实际与国内外先进水平比较。找出与先进水平之间的差距，推动本单位改善经营管理，学习先进，赶超先进水平。

应用比较法进行同质指标的不同数量比较时，要注意各项指标的可比性。比较双方的指标内容、计算方法、采用的计价标准和时间单位等应当相同、可比。为了使比较的指标具有可比性，在分析时可将有关指标作必要的调整换算。

应用比较法还应注意各项指标数量的真实性和科学性。例如，将利润指标的实际数同计划数相比较时，既要检查利润实际数的真实性，有无虚增利润或虚减利润的现象，又要检查利润计划本身是否先进可行。应在检查、纠正以后再进行比较，保证分析结果的正确和有用。

（二）比率分析法

比率分析法是通过计算、比较经济指标的比率，来确定相对数差异的一种分析方法。比率是相对数，采用这种方法，要把分析对比的数值变成相对数，计算出各种不同的比率，然后进行比较，从确定的比率差异中发现问题。采用这种分

通过上述计算结果可以看出，流动比率过低，速动比率也有问题，该企业的短期偿债能力较差，资产负债率较高，企业长期偿债能力低于短期偿债能力。

2. 反映盈利能力的指标。

$$平均资产总额=\frac{2\ 000+2\ 290}{2}=2\ 145\text{（万元）}$$

$$总资产报酬率=\frac{900+100}{2\ 145}\times 100\%=46.62\%$$

$$平均净资产=\frac{300+340}{2}=320\text{（万元）}$$

$$净资产收益率=\frac{600}{320}\times 100\%=187.5\%$$

$$营业收入利润率=\frac{900}{3\ 000}\times 100\%=30\%$$

$$成本费用利润率=\frac{900}{1\ 800}\times 100\%=50\%$$

上述计算结果只能表明该企业的总资产报酬率为46.62%，净资产收益率为187.5%，营业收入利润率为30%，成本费用利润率为50%。这些结果说明什么问题，还需要通过比较进行深入分析。

3. 反映营运能力的指标。

$$总资产周转率=\frac{3\ 000}{2\ 145}=1.4\text{（次）}$$

$$赊销收入=3\ 000-1\ 000=2\ 000\text{（万元）}$$

$$应收账款平均余额=400\text{（万元）}$$

$$应收账款周转率=\frac{2\ 000}{400}=5\text{（次）}$$

$$平均存货=560\text{（万元）}$$

$$存货周转率=\frac{1\ 800}{560}=3.21\text{（次）}$$

上述计算结果表明，该企业的总资产周转率为每年1.4次，应收账款周转率为每年5次，存货周转率为每年3.21次。同样这些结果只有通过比较，才能说

时企业应收账款、存货周转速度的快慢。

四、财务报表分析方法

财务报表主要是由报表项目所构成，报表项目都是一些经济指标。因此，财务报表分析首先要对各项报表项目的数字变动和各报表项目之间的数量关系进行分析。在进行数量分析时，经常应用的分析方法主要有以下几种。

（一）比较法

比较法是通过经济指标不同数量的比较揭示经济指标数量差异的一种分析方法。经济指标出现了数量差异，就说明有值得进一步分析的问题。所以，比较法的主要作用在于揭示客观存在的差距，发现问题。为进一步分析原因、寻找潜力指出方向或线索。在财务报表分析中比较法应用比较广泛。根据分析的目的和要求不同，可以进行以下几种形式的比较：

1. 实际与计划（定额）比较。可以揭示实际与计划或定额之间的差异，了解该项指标的计划或定额的完成情况。

2. 本期实际与前期（上年同期或历史最好水平）实际比较。可确定前后不同时期或与历史最好之间的水平数量差异，了解企业某项经济活动的发展趋势和经营管理工作的改进情况。

3. 本期实际与国内外先进水平比较。找出与先进水平之间的差距，推动本单位改善经营管理，学习先进，赶超先进水平。

应用比较法进行同质指标的不同数量比较时，要注意各项指标的可比性。比较双方的指标内容、计算方法、采用的计价标准和时间单位等应当相同、可比。为了使比较的指标具有可比性，在分析时可将有关指标作必要的调整换算。

应用比较法还应注意各项指标数量的真实性和科学性。例如，将利润指标的实际数同计划数相比较时，既要检查利润实际数的真实性，有无虚增利润或虚减利润的现象，又要检查利润计划本身是否先进可行。应在检查、纠正以后再进行比较，保证分析结果的正确和有用。

（二）比率分析法

比率分析法是通过计算、比较经济指标的比率，来确定相对数差异的一种分析方法。比率是相对数，采用这种方法，要把分析对比的数值变成相对数，计算出各种不同的比率，然后进行比较，从确定的比率差异中发现问题。采用这种分

通过上述计算结果可以看出，流动比率过低，速动比率也有问题，该企业的短期偿债能力较差，资产负债率较高，企业长期偿债能力低于短期偿债能力。

2. 反映盈利能力的指标。

$$平均资产总额=\frac{2\ 000+2\ 290}{2}=2\ 145（万元）$$

$$总资产报酬率=\frac{900+100}{2\ 145}\times100\%=46.62\%$$

$$平均净资产=\frac{300+340}{2}=320（万元）$$

$$净资产收益率=\frac{600}{320}\times100\%=187.5\%$$

$$营业收入利润率=\frac{900}{3\ 000}\times100\%=30\%$$

$$成本费用利润率=\frac{900}{1\ 800}\times100\%=50\%$$

上述计算结果只能表明该企业的总资产报酬率为 46.62%，净资产收益率为 187.5%，营业收入利润率为 30%，成本费用利润率为 50%。这些结果说明什么问题，还需要通过比较进行深入分析。

3. 反映营运能力的指标。

$$总资产周转率=\frac{3\ 000}{2\ 145}=1.4（次）$$

赊销收入＝3 000－1 000＝2 000（万元）

应收账款平均余额＝400（万元）

$$应收账款周转率=\frac{2\ 000}{400}=5（次）$$

平均存货＝560（万元）

$$存货周转率=\frac{1\ 800}{560}=3.21（次）$$

上述计算结果表明，该企业的总资产周转率为每年 1.4 次，应收账款周转率为每年 5 次，存货周转率为每年 3.21 次。同样这些结果只有通过比较，才能说明企业应收账款、存货周转速度的快慢。

四、财务报表分析方法

财务报表主要是由报表项目所构成，报表项目都是一些经济指标。因此，财务报表分析首先要对各项报表项目的数字变动和各报表项目之间的数量关系进行分析。在进行数量分析时，经常应用的分析方法主要有以下几种。

（一）比较法

比较法是通过经济指标不同数量的比较揭示经济指标数量差异的一种分析方法。经济指标出现了数量差异，就说明有值得进一步分析的问题。所以，比较法的主要作用在于揭示客观存在的差距，发现问题。为进一步分析原因、寻找潜力指出方向或线索。在财务报表分析中比较法应用比较广泛。根据分析的目的和要求不同，可以进行以下几种形式的比较：

1. 实际与计划（定额）比较。可以揭示实际与计划或定额之间的差异，了解该项指标的计划或定额的完成情况。

2. 本期实际与前期（上年同期或历史最好水平）实际比较。可确定前后不同时期或与历史最好之间的水平数量差异，了解企业某项经济活动的发展趋势和经营管理工作的改进情况。

3. 本期实际与国内外先进水平比较。找出与先进水平之间的差距，推动本单位改善经营管理，学习先进，赶超先进水平。

应用比较法进行同质指标的不同数量比较时，要注意各项指标的可比性。比较双方的指标内容、计算方法、采用的计价标准和时间单位等应当相同、可比。为了使比较的指标具有可比性，在分析时可将有关指标作必要的调整换算。

应用比较法还应注意各项指标数量的真实性和科学性。例如，将利润指标的实际数同计划数相比较时，既要检查利润实际数的真实性，有无虚增利润或虚减利润的现象，又要检查利润计划本身是否先进可行。应在检查、纠正以后再进行比较，保证分析结果的正确和有用。

（二）比率分析法

比率分析法是通过计算、比较经济指标的比率，来确定相对数差异的一种分析方法。比率是相对数，采用这种方法，要把分析对比的数值变成相对数，计算出各种不同的比率，然后进行比较，从确定的比率差异中发现问题。采用这种分

通过上述计算结果可以看出，流动比率过低，速动比率也有问题，该企业的短期偿债能力较差，资产负债率较高，企业长期偿债能力低于短期偿债能力。

2. 反映盈利能力的指标。

$$平均资产总额=\frac{2\,000+2\,290}{2}=2\,145\text{（万元）}$$

$$总资产报酬率=\frac{900+100}{2\,145}\times100\%=46.62\%$$

$$平均净资产=\frac{300+340}{2}=320\text{（万元）}$$

$$净资产收益率=\frac{600}{320}\times100\%=187.5\%$$

$$营业收入利润率=\frac{900}{3\,000}\times100\%=30\%$$

$$成本费用利润率=\frac{900}{1\,800}\times100\%=50\%$$

上述计算结果只能表明该企业的总资产报酬率为46.62%，净资产收益率为187.5%，营业收入利润率为30%，成本费用利润率为50%。这些结果说明什么问题，还需要通过比较进行深入分析。

3. 反映营运能力的指标。

$$总资产周转率=\frac{3\,000}{2\,145}=1.4\text{（次）}$$

赊销收入＝3 000－1 000＝2 000（万元）

应收账款平均余额＝400（万元）

$$应收账款周转率=\frac{2\,000}{400}=5\text{（次）}$$

平均存货＝560（万元）

$$存货周转率=\frac{1\,800}{560}=3.21\text{（次）}$$

上述计算结果表明，该企业的总资产周转率为每年1.4次，应收账款周转率为每年5次，存货周转率为每年3.21次。同样这些结果只有通过比较，才能说

明企业应收账款、存货周转速度的快慢。

四、财务报表分析方法

财务报表主要是由报表项目所构成，报表项目都是一些经济指标。因此，财务报表分析首先要对各项报表项目的数字变动和各报表项目之间的数量关系进行分析。在进行数量分析时，经常应用的分析方法主要有以下几种。

（一）比较法

比较法是通过经济指标不同数量的比较揭示经济指标数量差异的一种分析方法。经济指标出现了数量差异，就说明有值得进一步分析的问题。所以，比较法的主要作用在于揭示客观存在的差距，发现问题。为进一步分析原因、寻找潜力指出方向或线索。在财务报表分析中比较法应用比较广泛。根据分析的目的和要求不同，可以进行以下几种形式的比较：

1. 实际与计划（定额）比较。可以揭示实际与计划或定额之间的差异，了解该项指标的计划或定额的完成情况。

2. 本期实际与前期（上年同期或历史最好水平）实际比较。可确定前后不同时期或与历史最好之间的水平数量差异，了解企业某项经济活动的发展趋势和经营管理工作的改进情况。

3. 本期实际与国内外先进水平比较。找出与先进水平之间的差距，推动本单位改善经营管理，学习先进，赶超先进水平。

应用比较法进行同质指标的不同数量比较时，要注意各项指标的可比性。比较双方的指标内容、计算方法、采用的计价标准和时间单位等应当相同、可比。为了使比较的指标具有可比性，在分析时可将有关指标作必要的调整换算。

应用比较法还应注意各项指标数量的真实性和科学性。例如，将利润指标的实际数同计划数相比较时，既要检查利润实际数的真实性，有无虚增利润或虚减利润的现象，又要检查利润计划本身是否先进可行。应在检查、纠正以后再进行比较，保证分析结果的正确和有用。

（二）比率分析法

比率分析法是通过计算、比较经济指标的比率，来确定相对数差异的一种分析方法。比率是相对数，采用这种方法，要把分析对比的数值变成相对数，计算出各种不同的比率，然后进行比较，从确定的比率差异中发现问题。采用这种分

通过上述计算结果可以看出，流动比率过低，速动比率也有问题，该企业的短期偿债能力较差，资产负债率较高，企业长期偿债能力低于短期偿债能力。

2. 反映盈利能力的指标。

$$平均资产总额=\frac{2\ 000+2\ 290}{2}=2\ 145（万元）$$

$$总资产报酬率=\frac{900+100}{2\ 145}\times100\%=46.62\%$$

$$平均净资产=\frac{300+340}{2}=320（万元）$$

$$净资产收益率=\frac{600}{320}\times100\%=187.5\%$$

$$营业收入利润率=\frac{900}{3\ 000}\times100\%=30\%$$

$$成本费用利润率=\frac{900}{1\ 800}\times100\%=50\%$$

上述计算结果只能表明该企业的总资产报酬率为 46.62%，净资产收益率为 187.5%，营业收入利润率为 30%，成本费用利润率为 50%。这些结果说明什么问题，还需要通过比较进行深入分析。

3. 反映营运能力的指标。

$$总资产周转率=\frac{3\ 000}{2\ 145}=1.4（次）$$

$$赊销收入=3\ 000-1\ 000=2\ 000（万元）$$

$$应收账款平均余额=400（万元）$$

$$应收账款周转率=\frac{2\ 000}{400}=5（次）$$

$$平均存货=560（万元）$$

$$存货周转率=\frac{1\ 800}{560}=3.21（次）$$

上述计算结果表明，该企业的总资产周转率为每年 1.4 次，应收账款周转率为每年 5 次，存货周转率为每年 3.21 次。同样这些结果只有通过比较，才能说明企业应收账款、存货周转速度的快慢。

四、财务报表分析方法

财务报表主要是由报表项目所构成，报表项目都是一些经济指标。因此，财务报表分析首先要对各项报表项目的数字变动和各报表项目之间的数量关系进行分析。在进行数量分析时，经常应用的分析方法主要有以下几种。

（一）比较法

比较法是通过经济指标不同数量的比较揭示经济指标数量差异的一种分析方法。经济指标出现了数量差异，就说明有值得进一步分析的问题。所以，比较法的主要作用在于揭示客观存在的差距，发现问题。为进一步分析原因、寻找潜力指出方向或线索。在财务报表分析中比较法应用比较广泛。根据分析的目的和要求不同，可以进行以下几种形式的比较：

1. 实际与计划（定额）比较。可以揭示实际与计划或定额之间的差异，了解该项指标的计划或定额的完成情况。

2. 本期实际与前期（上年同期或历史最好水平）实际比较。可确定前后不同时期或与历史最好之间的水平数量差异，了解企业某项经济活动的发展趋势和经营管理工作的改进情况。

3. 本期实际与国内外先进水平比较。找出与先进水平之间的差距，推动本单位改善经营管理，学习先进，赶超先进水平。

应用比较法进行同质指标的不同数量比较时，要注意各项指标的可比性。比较双方的指标内容、计算方法、采用的计价标准和时间单位等应当相同、可比。为了使比较的指标具有可比性，在分析时可将有关指标作必要的调整换算。

应用比较法还应注意各项指标数量的真实性和科学性。例如，将利润指标的实际数同计划数相比较时，既要检查利润实际数的真实性，有无虚增利润或虚减利润的现象，又要检查利润计划本身是否先进可行。应在检查、纠正以后再进行比较，保证分析结果的正确和有用。

（二）比率分析法

比率分析法是通过计算、比较经济指标的比率，来确定相对数差异的一种分析方法。比率是相对数，采用这种方法，要把分析对比的数值变成相对数，计算出各种不同的比率，然后进行比较，从确定的比率差异中发现问题。采用这种分

通过上述计算结果可以看出，流动比率过低，速动比率也有问题，该企业的短期偿债能力较差，资产负债率较高，企业长期偿债能力低于短期偿债能力。

2. 反映盈利能力的指标。

$$平均资产总额=\frac{2\ 000+2\ 290}{2}=2\ 145（万元）$$

$$总资产报酬率=\frac{900+100}{2\ 145}\times 100\%=46.62\%$$

$$平均净资产=\frac{300+340}{2}=320（万元）$$

$$净资产收益率=\frac{600}{320}\times 100\%=187.5\%$$

$$营业收入利润率=\frac{900}{3\ 000}\times 100\%=30\%$$

$$成本费用利润率=\frac{900}{1\ 800}\times 100\%=50\%$$

上述计算结果只能表明该企业的总资产报酬率为46.62%，净资产收益率为187.5%，营业收入利润率为30%，成本费用利润率为50%。这些结果说明什么问题，还需要通过比较进行深入分析。

3. 反映营运能力的指标。

$$总资产周转率=\frac{3\ 000}{2\ 145}=1.4（次）$$

$$赊销收入=3\ 000-1\ 000=2\ 000（万元）$$

$$应收账款平均余额=400（万元）$$

$$应收账款周转率=\frac{2\ 000}{400}=5（次）$$

$$平均存货=560（万元）$$

$$存货周转率=\frac{1\ 800}{560}=3.21（次）$$

上述计算结果表明，该企业的总资产周转率为每年1.4次，应收账款周转率为每年5次，存货周转率为每年3.21次。同样这些结果只有通过比较，才能说

明企业应收账款、存货周转速度的快慢。

四、财务报表分析方法

财务报表主要是由报表项目所构成，报表项目都是一些经济指标。因此，财务报表分析首先要对各项报表项目的数字变动和各报表项目之间的数量关系进行分析。在进行数量分析时，经常应用的分析方法主要有以下几种。

（一）比较法

比较法是通过经济指标不同数量的比较揭示经济指标数量差异的一种分析方法。经济指标出现了数量差异，就说明有值得进一步分析的问题。所以，比较法的主要作用在于揭示客观存在的差距，发现问题。为进一步分析原因、寻找潜力指出方向或线索。在财务报表分析中比较法应用比较广泛。根据分析的目的和要求不同，可以进行以下几种形式的比较：

1. 实际与计划（定额）比较。可以揭示实际与计划或定额之间的差异，了解该项指标的计划或定额的完成情况。

2. 本期实际与前期（上年同期或历史最好水平）实际比较。可确定前后不同时期或与历史最好之间的水平数量差异，了解企业某项经济活动的发展趋势和经营管理工作的改进情况。

3. 本期实际与国内外先进水平比较。找出与先进水平之间的差距，推动本单位改善经营管理，学习先进，赶超先进水平。

应用比较法进行同质指标的不同数量比较时，要注意各项指标的可比性。比较双方的指标内容、计算方法、采用的计价标准和时间单位等应当相同、可比。为了使比较的指标具有可比性，在分析时可将有关指标作必要的调整换算。

应用比较法还应注意各项指标数量的真实性和科学性。例如，将利润指标的实际数同计划数相比较时，既要检查利润实际数的真实性，有无虚增利润或虚减利润的现象，又要检查利润计划本身是否先进可行。应在检查、纠正以后再进行比较，保证分析结果的正确和有用。

（二）比率分析法

比率分析法是通过计算、比较经济指标的比率，来确定相对数差异的一种分析方法。比率是相对数，采用这种方法，要把分析对比的数值变成相对数，计算出各种不同的比率，然后进行比较，从确定的比率差异中发现问题。采用这种分

通过上述计算结果可以看出，流动比率过低，速动比率也有问题，该企业的短期偿债能力较差，资产负债率较高，企业长期偿债能力低于短期偿债能力。

2. 反映盈利能力的指标。

$$平均资产总额=\frac{2\ 000+2\ 290}{2}=2\ 145（万元）$$

$$总资产报酬率=\frac{900+100}{2\ 145}\times100\%=46.62\%$$

$$平均净资产=\frac{300+340}{2}=320（万元）$$

$$净资产收益率=\frac{600}{320}\times100\%=187.5\%$$

$$营业收入利润率=\frac{900}{3\ 000}\times100\%=30\%$$

$$成本费用利润率=\frac{900}{1\ 800}\times100\%=50\%$$

上述计算结果只能表明该企业的总资产报酬率为46.62%，净资产收益率为187.5%，营业收入利润率为30%，成本费用利润率为50%。这些结果说明什么问题，还需要通过比较进行深入分析。

3. 反映营运能力的指标。

$$总资产周转率=\frac{3\ 000}{2\ 145}=1.4（次）$$

$$赊销收入=3\ 000-1\ 000=2\ 000（万元）$$

$$应收账款平均余额=400（万元）$$

$$应收账款周转率=\frac{2\ 000}{400}=5（次）$$

$$平均存货=560（万元）$$

$$存货周转率=\frac{1\ 800}{560}=3.21（次）$$

上述计算结果表明，该企业的总资产周转率为每年1.4次，应收账款周转率为每年5次，存货周转率为每年3.21次。同样这些结果只有通过比较，才能说

《课题系列专著》已出版书目

中国体育用品产业与市场实证研究 席玉宝 等著
（国家社会科学基金资助课题） 定价：30.00 元（平装）
50.00 元（精装）

奥林匹克品牌
——中、美、澳三国奥林匹克品牌的比较研究 钟秉枢 等著
（国家体育总局体育社会科学、软科学项目研究报告） 定价：28.00 元（平装）
48.00 元（精装）

西部民族地区体育旅游开发研究 周道平 等著
（国家哲学社会科学基金项目） 定价：28.00 元（平装）
48.00 元（精装）

全面小康社会多元化全民健身服务体系的研究 裴立新 著
（国家社会科学基金项目） 定价：33.00 元（平装）
53.00 元（精装）

优秀游泳运动员力量训练阶段生理生化指标的评价及机制
黄文聪 著
（国家体育总局备战奥运会重点科研攻关课题） 定价：28.00 元（平装）
48.00 元（精装）

用心理量表评定手册

张力为 毛志雄/主编

北京体育大学出版社

体育

主编/

ISBN7-81100-226-4/G · 199
定价: 40.00 元

2004.9.30, 4:01 PM